블로거 R군의 슬기로운 크리에이터 생활

일상의 스펙트럼 05

블로거 R군의
슬기로운 크리에이터 생활

황홍선

차례

Project-R을 시작하다 — 7
축하합니다. 블로그가 개설되었습니다 — 14
꾸준한 업데이트가 중요해 — 18
온라인 친구가 오프라인 친구로 — 22
에브리데이, 뉴데이! — 26
이웃들의 댓글이 제 월급입니다 — 30
1인 미디어, 혼자 하는 일이 아니다 — 35
네이버 검색창에 "레드써니"를 쳐보세요 — 39
저기, 레드써니 님 아니세요? — 44
나의 닉네임을 찾아서 — 48
R군 캐릭터 탄생 — 52
R군 명함을 만들다 — 56
봉 감독님, 제가 빚을 집니다 — 60
스브스뉴스에 나오다 — 65
파워블로그가 되다 — 70
사인을 연습해야 하나? — 73
실시간 검색어 1위! — 77

바빠도 덕질은 계속된근영 — 83

이벤트와 답장 댓글은 성실히! — 91

칸의 레드카펫을 밟다 — 94

히든무비를 시작합니다 — 100

영화제, 축제의 시작이자 밤샘의 시작 — 105

목소리로 영화를 전하다 — 111

어디서 상영할까나 영화 제작기 — 116

영화인을 만나다 — 119

진지하고 유익한 시간은 아닐 수도 있습니다만 — 123

블로그를 함께했던 동지들이 떠나고 — 126

블로그 아직도 해요? — 129

크리에이터 VS 직장인의 삶 — 133

이것은 무엇에 쓰는 물건이고? — 138

R군의 R튜브, 천만 아니고 천 명 돌파! — 141

R군은 지금도 진화 중 — 145

에필로그: 크리에이터로 살아간다는 것 — 148

Project-R을 시작하다

이렇게 글을 쓰고 있는 새벽, 네이버 블로그는 정기 점검 중이다. 네이버 블로그가 정기 점검을 하면 마치 휴가를 얻은 것 같다. "아, 오늘은 포스팅 안 하고 자도 되겠군" "오늘은 블로그 관리 안 하고 넘어가도 되겠군" 하면서 말이다. 2003년부터 블로그를 했으니 어느새 시즌으로 치면 열일곱 시즌을 돌파하고 있다. 미드도 이 정도면 최장수 시리즈다. 처음에는 좋아서 시작했던 일이 이제는 나름의 책임감을 가진 미디어가 되었다는 뿌듯함과 함께 즐거운 일이 되기도 했고.

내 블로그의 이름은 Project-R이다. 나는 영화를 전문적으로 이야기하는 블로그를 16년째 운영 중인데, 최대 실수는 바로 블로그 이름이다. 보시라, 영화와는 아~무런 연관이 없다. 하지만 속을 들여다보면 의외로 굳은 의지로 지은 블로그명이다. 프로젝트 R, 내 닉네임은 레드써니(Red Sunny)인데, 이걸 그대로 다 쓰자니 너무 길고 최면을 할 때 주로 쓰는 '레드썬'과 헷갈린다. (실제로 다른 사람들에게 내 닉네임을 말하면, '레드썬'이라고 부르는 사람들이 대부분이다. 생각해 보니 닉네임도 잘못 지었다.) 그래서 구별하기 쉽고, 글을 적을 때 지칭하기도 쉽게 줄임말로 그냥 'R군'이라고 한다. 이래저래 장황하게 설명했는데, 내 블로그는 간단하게 말해서 R군의 프로젝트, 즉 나의 프로젝트라는, 인생의 꽤 중요한 의미가 있는 이름이다.

블로그를 시작할 때 내 인생은 완전 시,망(시 X, 망했어요) 수준이었다. 히키코모리 수준으로 방구석에 갇혀 세상을 원망했다. 지금은 그렇게까지 생각하지 않지만, 당시에는 어떤 것보다 견디기 힘든 콤플렉스가 있었다. 나는 얼굴 반쪽이 붉은 반점으로 뒤덮인 채로, 안면 장애를 가지고 태어났다. 지금도 이 콤플렉스를 완전히 벗어난 건 아니지만 어렸을 때와 비할 바가 아니다. 그동안은 정말 세상 원망을 많이 했다. 사람들과의 만남이 껄끄러웠고, 면접을 보고 최종 합격에서 떨어질 때는 모든 게 얼굴 때문이라고 생각했다. 그러다 보니 (이런 생각이 너무 부끄럽지만) 부모님 원망도 많이 했다. "어머니~ 왜 날 이렇게 태어나게 하셨나요~" 하면서 말이다. 뻔한 레퍼토리지만, 당사자로서는 그게 뻔하게 되지 않았다. 사람과의 첫 만남은 너무 무서웠고, 아무렇지 않은 척하면서도 힐끔힐끔 쳐다보는 주변의 시선은 매그넘 한 방같이 심장을 뚫었다.

나는 어렸을 때부터 영화 기자가 되고 싶었다. 그 꿈으로 타고난 장애나 주변의 시선을 이겨내려고 했다. 하지만 시간이 갈수록 사람들을 상대해야 하고 많은 경험을 쌓아야 할 수 있는 일을 이렇게 콤플렉스로 똘똘 뭉쳐서, 아무것도 하지 못하는 내가 할 수 있을까 하는 회의적인 생각이 들었다. 꿈은 높은데 현실은 시궁창. 영화 기자가 되고 싶은 꿈은 그저 나와는 아무 상관도 없는 허상에 가까웠다.

그렇게 실의에 빠져 방구석을 벗어나지 못하던 중, 친하게 지내던 친구가 '블로그'라는 것을 운영한다며 문자를 보냈다. 문자에 찍힌 URL로 들어갔더니 와~~ 아직도 또렷이 기억난다. 인터넷에 홈페이지나 기껏해야 카페 정도만 있다고 생각하던 내게 새로운 세상이 펼쳐졌다. 이건 신세계였다.

영화 기자가 꿈인 내게 또 다른 목표가 있었다면 나만의 영화 웹진을 만드는 것이었다. 하지만 그게 쉬운 일인가. 웹진을 만들려고 하면 홈페이지도 있어야 하고 당시에 그런 것을 만들려면 웬만한 수준의 기술과 지식은 있어야 했다. 이메일 하나 보낼 줄 아는 게 다였던 내가 홈페이지를 만든다는 것은 불가능에 가까웠다. 하지만 친구의 블로그를 보면서 그동안 고민했던 질문의 답을 만나는 기분이었다. 진입 장벽이 높았던 홈페이지보다 훨씬 만들기 쉬웠다. 무엇보다 포털 사이트에 블로그 이름만 적으면 누구나 찾아올 수 있어 접근성이 좋았다.

그렇게 새로운 세계를 만나고, 그동안 고민했

던 것에 대한 답을 내준 블로그를 먼저 시작한 친구보다 정작 내가 더 열심히 운영했다. 영화에 대한 리뷰에서부터 일상에서 벌어진 일들, 감성적인 새벽에 감성적으로 쓴 글 등등 (지금은 이런 글을 비공개로 돌렸습니다. 너무 오글거려서) 그야말로 영화에 대한 R군의 열정과 모든 생각을 블로그에 다 담았다. 그리고 그때의 작은 포스팅 하나는 뉴욕에서 나비가 날갯짓을 하면 중국에 태풍이 부는 것처럼, 내 인생을 엄청나게 변화시켰다. 정말 만화 같은 일로, 아직도 그때를 떠올리면 믿기지 않는 일이다.

이 책에서는 콤플렉스에 갇히고, 세상 원망만 하고, 한 발자국 나갈 용기도 없었던 누군가의 인생을 바꿔 준 블로그, 그리고 콘텐츠를 만들어가는 과정에 대해 이야기를 할 예정이다. 자랑이 아니라 블로그를 오래하다 보니 여러 매체에서 인터뷰 요청이 오는데 가만 보자… 내가 인터뷰했던 곳이 KBS, MBC, SBS 등 방송 3사는 물론이고 부산일보, 국제신문, 네이버, 대학내일까지. (자랑 맞네, 이놈아!) 가장 많이 받은 질문은 "R군에게 블로그란?"이며, 그럴 때마다 나는 미리 정해진 멘트로 항상 이와 같은 대답을 한다.

"인생, 최악의 시기에 시작한 인생 최고의 포트폴리오."

장난 반, 진심 반으로 지었던 블로그 타이틀 Project-R은 내 인생의 많은 것을 바꿔주었으며 꿈을 향해 달려갈 수 있는 청사진을 비춰주었다.

많은 이들이 자신의 인생을 바꾼 순간을 얘기할 때, 귀인을 만났다든지, 드라마틱한 사건을 겪었다든지, 영화로 나오면 블록버스터급의 각이 나오는 이야기들을 많이 하지만 나는 아니다. 의외로 인생을 바꾼 시점은 대단한 사건과 숙명 같은 것이 아닌, 모두가 하고 있지만, 나에게만큼은 특별하게 다가왔던 작은 순간일 것이다. 지금의 내 블로그처럼.

이렇게 들어가는 글을 적는 와중에도 손가락이 오글거려 그만두고 싶지만 그래도 맡은 바 끝까지 적어야지. 꽤 "나 이렇게 대단한 사람이오!" 같은 자랑 이야기가 될 책이지만 (그래서 돈 들이고,

시간 들여서 이 책을 사고 봐주시는 사람들에게 진심으로 큰절 올립니다.) 크게 자랑할 거리도 없는 한 사람이 블로그를 만나 펼친 작은 날갯짓이 준 변화에 많은 사람들이 공감해주고 격려해줬으면 좋겠다.

또한, 이 책을 읽는 모든 사람들에게 하고 싶은 말이 하나 있다면, 지금 여러분이 무엇을 하든, 어떤 것을 하든 (그게 범죄만 아니라면) 세상에 의미 없는 노력은 없다는 것이다. 그렇기에 자신이 하는 일이 더 나은 무엇을 가져올 것이라는 믿음으로 계속했으면 좋겠다.

이것은 R군의 인생을 바꾼 Project-R 17년의 이야기를 담은 보고서.

축하합니다. 블로그가 개설되었습니다

2003년 12월 3일. 지금으로부터 17년 전 나의
처음이자 마지막 블로그가 개설된다. 지금의 블
로그를 통해 내 인생에 얼마나 바뀌었는지를 알고
있는 입장에서 보면 너무나 초라한 시작이었다.

'영화 웹진을 만들고 싶다'는 생각이 늘 있었
지만, 그와 관련해서 안타깝게도 할 줄 아는 것
이 없었다. 당시에는 블로그보다 홈페이지가 유
행이었고, 그걸 만들려면 어느 정도 태그를 다룰
줄 알고 웹 지식이 있어야 했는데… 어라? 나에
게는 그게 없었다. 영화 웹진을 만들고 싶다는 꿈
을 위해 그나마 한 것이 유명 영화 커뮤니티에서

redsunny라는 필명으로 리뷰를 적는 정도였다. 하지만 그 역시 반응이 거의 없을 정도로 무명 리뷰어였다.

그러던 어느 날, 한밤중에 알바를 같이 하던 친구에게 '블로그'라는 것을 개설했다는 문자가 왔다. 블, 로, 그? 그게 뭔가요? 먹는 건가요? 어디서 얼핏 들었지만, 무엇인지 몰라 알고 싶어 문자 주소에 찍힌 URL을 타고 갔더니…. 아 글쎄, 완전 새로운 세상이 펼쳐졌다!

홈페이지인데 홈페이지가 아니었다. 나는 한눈에 콘텐츠를 볼 수 있고 접근성이 좋은 '이 매체'를 보자마자 바로 빠져들었다. 거의 쓰지 않아 잊고 있었던 비밀번호를 찾아내 네이버에 로그인을 하고 블로그를 만들었다.

블로그는 너무나 편했다. 홈페이지에서는 사진 한 장을 업로드하려면 HTML 명령문에 파일을 저장할 서버가 있어야 하는데 블로그는 그냥 글 쓰고 사진만 넣으면 끝. 홈페이지 초보자인 나도 블로그만큼은 단번에 이해할 정도로 인터페이스가 편리했다. 시스템이 편해서 누구나 쉽게 할 수 있는 거지만 당시에 마음이 약했던 나는 이런 소소한 일이라도 하면 스스로 대견해했다. 그래서 '여기서 나의 영화 웹진을 만들면 되겠구나' 허무맹랑한 미래를 그렸다. 지금 생각해보면 거창한 꿈을 너무나 쉽게 말한 것 같은데, 돌아보면 블로그를 통해 그 꿈은 반 정도는 이룬 것 같아서 뭐~ 틀린 말은 아닌 듯하다.

그렇게 원하던 나의 '웹진'을 만들었지만, 의외로 블로그 첫 포스팅은 영화가 아니었다. 당시에 유행이었던 솔로 부대 사진을 넣고 그냥 추운 날씨에 왜 내 옆구리는 이렇게 시릴까, 라는 시답잖은 이야기를 적었다. 지금 이렇게 포스팅을 한다면 가차 없이 바로 삭제 각이다. 하지만 명색이 Project-R의 첫 번째 포스팅이라 자체적으로 그 업적(?)을 기리며 보관하고 있다. 블로그가 조금 유명해지면서, 많은 사람들이 나의 첫 번째 포스팅이 무엇인가 궁금해하고 그 콘텐츠를 보면서 '성지순례 왔습니다~'라는 댓글도 남겨주었다.

그렇게 시작된 레드써니, R군의 첫 번째이자 마지막 블로그는 17년이 지난 지금도 꿋꿋이 버티며 계속 운영되고 있다. 그리고 본격적으로 추운 날씨에 옆구리 시린 이야기나 적었던 블로그가 어떻게 영화 전문 웹진으로 트랜스포머(?) 되었는지 하나씩 적어 본다.

꾸준한 업데이트가 중요해

　첫 번째 포스팅을 한 후 너무나도 신기해서 온종일 포스팅만 했던 기억이 난다. 현재까지 내 블로그는 포스팅 개수가 비공개 포함 7,283개나 된다. 17년 동안 블로그를 운영했으니깐 약 6,205일 동안 하루에 적어도 한 개 이상은 꼭 한 셈이다.

　블로그에서 소소한 드립을 치거나, 톡톡 튀는 포스팅을 많이 하기 때문에 아이디어로 승부하는 것처럼 보이지만, 사실 내 블로그의 최대 장점은 꾸준함이다. 인생에서 이렇게 무언가를 꾸준하게 한 건 블로그가 처음이자 마지막일 듯하다. 2020년 현재까지 인생을 돌아보니 음, 역시 그렇다. 블로그를 처음 했을 때도 누군가가 "하루에 100개 포스팅을 하는 것보다 하루에 한 개씩 100일을 하는 게 더 좋다"고 말했으니. 실제로 네이버에서도 하루에 많은 포스팅을 하면 스팸 블로그로 오인하기도 한다. 구독자 입장에서도 한꺼번에 너무 많은 콘텐츠가 올라오면 질려버리기도 하고.

여담으로 네이버 블로그 검색 서비스는 유저 콘텐츠의 신뢰도를 중요하게 생각한다. 즉 단번에 많은 글을 올리거나 하면 불법 프로그램으로 혹은 좋지 않은 목적으로 사용한다고 생각해 신뢰도가 낮아진다. 신뢰도가 낮아지면 네이버 검색 시 상단에 포스팅 노출이 잘되지 않는다. 네이버 블로그 신뢰도의 자세한 것은 나도 정확히 모르지만 꾸준하게 같은 분야의 글을 많이 적으면 그 가치는 올라간다.

17년 동안 블로그를 하면서 항상 행복하기만 했을까? 생각해보면, 다 말할 수 없는 인생의 좌절과 쓰라린 패배가 여럿 있었다. 하지만 그때도 그 기분을 토하며 포스팅을 했다. '이놈의 블로그 해서 뭐 할까?' 하며 회의감이 들어 잠수를 탈 때도, 그 잠수 타는 이야기까지 포스팅했으니 말 다 했다. (그러고 보면 그건 잠수가 아니라 잠수를 이용한 또 하나의 블로그 콘텐츠 기획이네.) 이제는 블로그에 글을 적는 것이 습관이 돼 버렸다. 하루에 포스팅을 하나라도 하지 않으면 손가락이 가만있지 못한다. 어디 먼 곳이라도 여행을 가게 되면 옷이나 양말 같은 건 챙기지 않더라도 노트북은 꼭 챙긴다. 혹시나 인터넷이 되지 않는 곳에 오랫동안 가게 된다면 전날 밤을 새워서라도 예약 포스팅을 했다.

이렇게 하다 보니 주변에서도 블로그를 하겠다는 사람들이 많아졌다. 사람들이 어떻게 블로그를 하는지 물어보면 친절하게 (과연 그랬을까?) 설명하며 또 다른 성취감과 즐거움도 얻어갔다. 하지만 다들 오래하지 못했다. 역시 내가 불친절하게 설명했나 보다. 블로그뿐만이 아니라 꾸준함은 어떤 것이든 중요한 것 같다. 나는 블로그 '만' 꾸준히 해서 문제일 수 있지만.

블로그를 꾸준히 운영하는 습관은 긍정적인 영향을 미쳤다. 어떤 일에 일희일비하지 않고, 시간은 오히려 나의 편이라며 꾸준하게 무언가를 한다면 반드시 뿌듯해지는 순간이 있다고 믿게 되었다. 심지어 이렇게 책을 만들기 위해 글을 쓰는 순간도 하루에 많은 페이지를 작성하기보다 일정을 정해 꾸준히 적게 된다. 꽤 많은 양의 글쓰기지만 꾸준히만 하면 다 처리할 수 있다고 위안을 삼기도 했다. 매일매일 포스팅을 하고 글을 쓰면서 '꾸준함'이란 무엇인가를 제대로 배웠다. 블로그를 통해서 말이다. 나에게 블로그는 습관이자 버릇이자 의식주처럼 당연히 해야 하는 것이 되었으며, 무엇을 한다고 떠들지 않아도 삶의 일부분으로 자리 잡고 있다. 처음 블로그를 했을 때만큼 설렘은 이제 없을지 몰라도, 아직도 블로그를 하고 있다는, 꾸준하다 못해 독한 습관에 나 자신도 가끔 놀란다.

온라인 친구가 오프라인 친구로

　나의 드립에 아직도 배울 것이 많다고 가르쳐준(물론 실제로 가르쳐준 것은 아닙니다.) '유병재'는 자기가 낯을 무척 가린다고 말했다. 그 말을 듣는 순간 웃었다. 유병재 씨, 세계 낯가리기 대회가 있다면 아마 나는 우승감일 거라고.

　그만큼 나는 굉장히 낯을 가린다. 처음 보는 사람은 화났냐고 물어볼 정도다. 하지만 사실 누구보다 사람들과 가까워지고 싶다. 다만 그 방법을 몰랐고, 솔직하게 말하자면 외모적인 문제로 고민을 많이 했다. 낯을 가리는 성격이라기보다 내가 먼저 말이라도 걸면 사람들이 싫어하지 않을까 하는 생각이 문제였다.

하지만 블로그를 통해서 낯을 가리는 성격을 많이 바꿀 수 있었다. 처음에는 온라인에서 사람들과 친해지기 위해 많은 이야기를 나눴다. 오프라인에서 쉽게 말하지 못한 고민도 이야기하고. 블로그를 통해서 '내 이야기'를 먼저 하니 사람들이 점점 나에게 다가왔다. 그렇게, 사람들에게 위안받고 현실적인 문제를 많이 해결하기도 했다.

그러면서 늘 인간관계에 배고팠다. 비록 얼굴도 모르는 사람이지만 적어도 이야기를 나눌 때는 너무나 좋은 사람들인데, 실제로 만나면 얼마나 더 좋을까? 하지만 내 마음 한구석에서는 '온라인에서의 관계는 온라인으로 놔두는 것이 좋지 않을까?' 하며 애써 단념하기도 했다. 더 솔직하게 이야기하자면 온라인의 레드써니는 나름 멋있는 구석도 있지만(어디까지나 온라인 한정), 오프라인의 황홍선의 모습을 보고 사람들이 실망하지 않을까 하는 걱정이 더 컸다. 하지만 만남에 대한 열망은 나만 있었던 것이 아니었나 보다. 같이 이야기 나누는 이웃분들과 마음이 닿아 만남의 시간은 점점 다가왔다.

블로그의 첫 오프라인 만남이 생각난다. 게임과 영화를 좋아하는 친구였는데, 내가 사는 부산으로 여행을 온다고 했다. 온라인에서는 "부산 와서 연락해! 맛있는 집도 소개해주고 같이 오락도 하자"고 말했다. 하지만 그가 부산에 오는 날까지 잠을 자지 못했을 정도다. 너무 좋아서? 아니 너무 떨려서. '혹시라도 날 보고 실망하면 어떡하지…?'

하지만 용기를 내 나의 블로그 역사상 최초의 번개를 하게 되었다. 약간의 어색함은 있었지만, 블로그 이야기를 하면서 가까워지고 몇 년 지기 친구를 다시 만난 듯 즐겁게 보냈다. 지금도 그 친구와는 소중한 인연으로 자주 만난다. 오히려 이제 만나면 블로그 이야기보다 오프라인, 일상에 대한 이야기를 더 많이 한다.

친구뿐만 아니다. 블로그를 통한 모임으로 소중한 사람들이 생겼고 이들과 같이 일을 하거나 프로젝트를 작업할 때가 많았다. 그들은 모두 다 소중한 인연이며 큰 도움이 될 때가 많다. 나 역시 그들에게 도움을 줄 때도 있고. 지금 생각해보면 왜 그리 오프라인 첫 만남에 떨었는지 웃음만 나온다. 동시에 그때 용기를 내지 않았다면 얼마나 좋은 사람들과의 인연을 놓치게 되었을지 아찔할 뿐이다.

블로그를 통해 사람들을 만났다고 하면 어떤 사람들은 그렇게 만나는 게 만나는 거냐? 실제로 친하냐? 라며 물어본다. 나의 경험으로는 온라인에서 통한 소통이 오프라인으로 옮겨올 때, 더 엄청난 시너지가 나서 진실된 관계가 될 수 있었다. 만남의 시작이 무엇이었냐는 그리 중요한 것이 아니다. 진짜 중요한 것은 얼마만큼 진심을 가지고 만남에 충실했냐인 듯하다. 그런 면에서는 오히려 온라인이 마음의 벽을 허물고 가까워지는 데 더 쉬운 방법이 아닌가 생각한다. 더불어 그런 소중한 기회를 자신의 모습과 편견으로 포기하면 너무 아쉬울 듯하다. 온라인 세계에 많은 사람이 있는 것처럼 그 만남으로 인한 오프라인의 변화도 충분히 가능하기에.

에브리데이, 뉴데이!

블로그를 하면 두 가지 좋은 점이 있다. 하나는 매일매일이 새롭다는 것. 특히 자기 전에 포스팅을 끝내고 나면 다음 날 아침에 괜히 마음이 두근거려 서둘러 잠을 깬다. 어제 적었던 포스팅에 어떤 댓글이 달렸는지 궁금해서이다. 조회수가 생각보다 많으면 내 블로그에 적었던 어떤 콘텐츠가 메인에 노출되었나, 두근거리는 마음으로 인터넷 서핑을 한다. 아침부터 그런 시작이 있으니 학교에 가거나 직장에 출근하는 발걸음이 한결 가볍다. 블로그 때문에 늘 설레는 아침을 맞이하고 있다. 콘텐츠를 적어 누군가의 반응을 기다린다는 설렘은 블로그를 하면서 가장 좋은 점 중 하나다. 물론 바쁜 시간에 얼른 출근 준비를 해야 하는데도 불구하고 블로그에 사로잡혀 후다닥거릴 때도 많지만.

다음으로 좋은 점은 내가 하는 것 하나하나가 모두 의미가 있다는 점이다. 지금은 영화 분야로 완전히 블로그 방향을 틀었지만, 초창기 블로그를 할 때는 일상 에피소드도 많이 담았다. 가령 여행을 한다든지, 맛집을 발견해 식사를 한다든지, 재미있는 게임을 한다든지, 그런 것들을 디카로 담아서 블로그에 포스팅하기도 했다. 이런 일상이 왜 좋냐면 그냥 스쳐 지나갈 수 있는 순간을 블로그에 담으면서 모든 것이 콘텐츠로, 즉 의미가 있는 하루로 변화되기 때문이다. 내가 가는 이곳을 블로그에 소개해서 누군가에게 좋은 길잡이로, 내가 가는 맛집을 소개해서 누군가에게 멋진 저녁 식사 자리로 다가갈지도 모른다는 생각에 괜히 더 열심히 작업하고 사진을 찍었던 기억이 난다.

이런 의미는 지금의 블로그 방향과 같다. 이제는 일상 에피소드를 많이 올리지는 않지만, 아직도 영화를 보는 것은 내게 중요한 의미가 있다. 아마 지금의 삶 속에서 가장 중요한 일이 아닌가 싶다. 영화를 보고 나서 리뷰를 적거나 관련 특집 콘텐츠를 만들면서 의미를 부여하고 있다. 영화 감상이 평론가나 기자처럼 냉철하게 영화를 보며 그에 대한 이야기를 나누는 가장 중요한 시간으로 다가온다.

일상의 작은 것에 의미를 부여한다는 건 삶을 놀랍게 바꾼다. 매사의 모든 일에 진지해지고 활발해지며 무엇보다 긍정적인 생각을 가지게 한다. 자뻑(자아도취) 모드로 살짝 빠져나갈 때도 많지만 결코 지금의 시간은 허투루 다가오지 않는다. 매 순간이 중요한 의미가 있고 이것은 다음 날의 설렘으로 연결된다. 블로그를 통해 쉽사리 할 수 없었던 많은 경험도 중요하지만 가장 좋았던 점은 지금의 작은 일상도 특별하고, 매 순간 이벤트처럼 소중하게 다가온다는 것이다. 그래서 자신 있게 추천한다. 지금 사는 것이 무료하거나 따분하다면 블로그, 아니면 SNS라도 하라고. 내가 만든 채널에서 나의 이야기를 꾸미는 것이 얼마나 재미있고 삶을 특별하게 바꾸는지 알 수 있다고. 맨체

스터 유나이티드의 명장 알렉스 퍼거슨은 "SNS는 인생은 낭비다"라고 했다. 하지만 적당히 선만 지킨다면 SNS는 인생의 작은 순간도 멋지게 담아줄 것이다. (퍼거슨. 의문의 1패.)

이웃들의 댓글이 제 월급입니다

보통, 블로그나 SNS 채널을 중간에 그만둔 사람들의 가장 큰 이유가 "피드백이 없어서…."이다. 즉 자신의 글에 대한 '좋아요'나 댓글이 없어서 혼자 떠드는 것 같아 그만두게 된다고 한다. 자신의 글을 보고 누군가라도 반응을 해준다면 그것만큼 기분 좋은 일도 없다. 긴 시간을 들여 글을 쓰고, 영상을 만든 보람도 있다. 우스갯소리로 세상에서 제일 무서운 건 악플이 아니라 무플이라고 했으니.

나 역시 정성 들인 콘텐츠에 아무런 반응이 없으면 슬프다. 실제로 아예 반응이 없었던 포스팅은 과감하게 삭제하기도 했다. 그런 포스팅을 모 았다면 제2의 블로그가 만들어졌을 정도다. 하지 만 블로그를 오래 하면서 누군가가 댓글을 남기 고, '좋아요'를 누르고, 어떤 포스팅은 내가 다 반 응을 할 수 없을 정도로 많은 댓글이 달리기도 했 다. 이렇듯 무플 방지를 위해 노력했던 방법 중에 가장 인상적인 것이 있었으니, 바로 내가 먼저 남 의 블로그에 댓글을 100개 달자는 것이었다.

한때, 내가 다닌 직장의 사장님이기도 했던 소 셜미디어 전문가 이지선 선생님에게 "내 블로그에 댓글을 100개 받고 싶으면 내가 먼저 100개를 달 아라" 하는 말을 들었다. 정말이다. 일단 남의 블 로그에 내가 댓글을 달면, 예의상이라도 내 블로 그에 한 번이라도 들러, 댓글을 남길 때가 있다. 그런 반가움에 또 댓글을 달면, 상대방 역시 궁금 해서 내 블로그에 오고 그렇게 오고 가며 댓글을 남기다 보면 순식간에 댓글창은 채팅창이 된다. 또한 그런 댓글 커뮤니케이션으로 '오호? 나랑 성 향이 맞네?' 하며 블로그 구독을 누르고 왕래하는 좋은 이웃이 생기기도 한다.

댓글은 내 SNS 채널의 소통이자 조회수 확보에도 상당히 도움이 된다. 또한 댓글로 이뤄진 생산적인 논쟁은 그 자체로도 하나의 콘텐츠가 되며 포스팅 아이디어가 되기도 한다.

이런 예가 있다. 영화 관련 블로그를 꾸준하게 운영하다 보니 자연적으로 이웃 블로그들도 영화를 좋아한다. 화제작이 개봉하면 앞다투어 관람해 리뷰를 적기도 했다. 다른 이웃 블로그도 마찬가지다. 그의 리뷰를 보면서 내가 생각했던 이야기를 댓글로 남겼다. 그가 댓글을 달았고 그렇게 반복하다 보니 댓글창 자체가 장문의 리뷰가 되었다. 영화 보고 리뷰를 쓰는 게 세상에서 제일 까다롭다고 생각한 1인인데 이웃 블로그와 대화를 하면서 적다 보니 아예 리뷰가 된 것이다. 단순히 댓글창에만 두기에 아까워 다음에는 같은 영화를 보고, 장문의 댓글처럼 서로 리뷰를 쓰기로 기획했다. 그리고 그런 리뷰를 묶은 기획 포스팅이 네이버 메인에 뜬 적도 있다.

2010년 〈인셉션〉 개봉 때는 이런 기획도 세워봤다. 〈다크 나이트〉를 만든 크리스토퍼 놀란 감독의 신작이라 당시 블로거들의 기대는 장난이 아니었다. 나도 그렇고. 그런데 이런 열기를 단순히 나만의 리뷰로 남기기에는 아까웠다. 그래서 영화 리뷰를 쓰는 블로그에 안부를 남겼다. 〈인셉션〉을 보고 댓글로 20자 평을 남겨 달라고. 다들 흔쾌히 응했고 그런 20자 평 댓글을 모아서 마치 영화 잡지처럼 '블로거들이 본 〈인셉션〉 20자 평'이라는 특별 포스팅을 만들었다. 반응은 폭발적이었다. 20자 평을 남긴 블로거들은 자신의 댓글이 다른 사람들에게 주목받는 게 좋았고, 또한 하나의 포스팅에서 다른 블로거들이 남긴 20자 평 댓글을 보고 찾아가 생산적인 논쟁을 계속할 수 있었다. 영화 자체가 열린 결말로 끝나고, 중간에 해석할 부분이 많아 유난히 많이 찾아본 리뷰였는데, 이렇게 댓글로 기획 포스팅을 만드니 한눈에 다른 사람들의 생각과 해석도 볼 수 있어 무척 좋았다고 말했다.

결국, 남의 SNS 채널에 댓글을 다는 것은 그 어떤 것보다 내 채널 홍보에 도움이 되는 마케팅이며, 같이 협업할 수 있는 작은 제안이자, 콘텐츠를 발전시킬 기회이기도 하다. 그런데 갈수록 SNS 에서는 댓글을 적기보다는 좋아요, 추천 등 방문 자의 흔적을 남기는 방법으로 변화되고 있다. '좋 아요'나 '추천'이 상대방의 콘텐츠를 잘 봤다는 무 언의 댓글이기는 하나 그래도 역시 글자를 통해 말해주는 것이 정감 있고 좋다. 혹시나 SNS 채널 의 피드백이 없다고 시무룩한 당신! 지금 당장이 라도 구독하고 있는 사람들의 SNS 채널에 가서 댓글 투어 한번 해보는 건 어떨까? 장담하는데 댓 글을 다는 수만큼 내 채널에 반가운 피드백으로 돌아올 것이다.

여담으로 부산의 모 신문과 인터뷰를 한 적이 있는데 블로그를 하면서 가장 보람찬 게 뭐냐고 질문을 받았다. 그래서 "이웃들의 댓글이 바로 제 월급이죠~"라는 오글거리는 답변을 했는데 이게 꽤 유행어가 되었다. 마치 황정민 배우의 "다 차린 밥상 위에 숟가락 하나~"처럼. 하. 하. 하. 하.

1인 미디어, 혼자 하는 일이 아니다

　블로그를 비롯해 유튜브, SNS 채널을 1인 미디어라고 일컫는다. 옛날에는 신문사, 방송국에서 여러 명이 해야 가능했던 일들을 이제는 혼자서 다 할 수 있는 시대가 열렸기 때문이다. 하지만 드라마 〈미생〉에는 이런 대사가 있다. "혼자 하는 일이 아니다." 그렇다. 아무리 1인 미디어라고 해도 혼자 할 수 없는 일이 있고, 함께해서 더 재미있는 일도 있다.

　블로그를 하면서 오히려 협업의 중요성을 더 느꼈다. 이웃분들과 같이 머리를 맞대며 재미있는 일을 하기도 했다. 지금은 팟캐스트 등 라디오 방송이 많지만 내가 한창 블로그 활동을 했던 2000년대 중반까지만 해도 그리 흔한 일은 아니었다. 평소에도 방송을 통한 콘텐츠를 만들고 싶다는 생각을 많이 했는데, 이웃 블로그 중 목소리 좋으신 분들과 뜻이 맞아 라디오 방송 콘텐츠를 만들기도 했다. 지금은 유튜브나 팟캐스트로 실시간 방송도 가능하지만, 그때는 그런 기능이 없어서 서로가 방송을 녹음하고 교환하면서 목소리를 덧붙였던 기억이 난다.

가장 선명한 기억은 부산국제영화제 때 지금은 영화 유튜버로 유명한 '발 없는 새' 님과 같이 방송한 것이다. 영화제 개막식 후 카페에 모여서 개막작 리뷰와 올해 영화제 이야기를 나눈 적이 있다. 얼굴은 나오지 않았지만 녹음을 통해 멘트에 맞는 이미지를 만들어 올리기도 했다. 또한, 그다음 회에는 인터넷 방송 플랫폼과 협업해 실제 부산국제영화제 현장을 생방송으로 올리기도 했다. 아쉽게 그 플랫폼은 오래가지 않아서, 그때 '발 없는 새' 님과 함께 했던 영상은 볼 수 없지만. 글이 아니라 방송을 통해서 크리에이터들끼리 함께할 수 있는 일이 있어 즐거웠다.

한번은 영화 리뷰를 돌아가면서 쓰기도 했다. 영화 파워블로거 '다크인생' 님과 함께 어떤 영화를 보고 각자의 블로그에 리뷰를 적어서 올린다. 거기까지는 지극히 개인적인 활동이지만 그 리뷰에 나의 의견을 달아 포스팅으로 만든 것이다. 지금으로 치자면 #(해시태그)를 통해서 같은 주제 및 소재의 글을 나란히 연결하는 것이다. 당시에 블로그에는 포스팅을 엮어서 의견을 아예 하나의 콘텐츠로 만드는 시스템이 있어서 그렇게 진행했다. 서로 리뷰를 보면서 미처 생각하지 못했던 이야기도 나누고 다양한 시각으로 영화를 보며 꽤 오랫동안 함께했던 작업이다. 서로가 서로의 블로그에 쓴 글로 연결되어 함께할 수 있다는 것이 '영광입니다~'라고 자주 댓글을 달아 우스갯소리로 '영광 패밀리'라고도 했다.

온라인 블로그를 통해 시작된 인연이지만 이제는 오프라인에서 더 자주 만나는, 원수이자 친구인 미드 전문 블로거 아톰비트와 쓸데없지만 재미있는 협업도 많이 했다. 이 친구도 나처럼 블로그를 통해 재미있는 일을 하는 걸 좋아하는데, 한 번은 만우절 기념으로 특별한 기획을 하자고 말했다. 내 블로그와 자기 블로그를 바꾸기로. 아이디나 비밀번호 교환이 아닌 자기 블로그 닉네임과 카테고리와 스킨을 상대방으로 바꾸고 하루만 그 사람인 척하기로. 지금 생각하면 참 이뭐병(?) 같은 일인데 재미있게 했다. 실제로 반응도 좋았다. 방문객들도 두 블로그의 바보짓에 만우절을 맞아 소소한 웃음을 지었고 상대방을 반대하는 것이 나를 반대하는 것인(즉, 내가 아톰비트인 척하면서 레드써니를 디스하는)데서 오는 코믹한 모습에 재미있어 했다.

이렇게 블로그를 통해 한 번도 보지 못한 사람들과 온라인으로 다양한 작업을 진행하기도 했다. 이때의 즐거움이 아직도 남아, 기회가 된다면 1인 작업을 통해 여러 사람들과 모여서 함께할 수 있는 프로젝트가 많았으면 좋겠다고 생각한다. 그동안은 제안을 받아서 했다면 이제는 내가 재미있는 아이템을 만들어 '함께'할 수 있는 자리를 만들어야겠다.

네이버 검색창에
"레드써니"를 쳐보세요

　　대부분 SNS의 주소는 플랫폼 이름/아이디 정
도다. 블로그도 그렇다. 지금은 달라졌지만, 초
기 네이버 블로그 주소는 blog.naver.com/아이디
였다.

　　초창기에는 주소에 대한 불만이 딱히 없었다.
당연하다고 여겼다. 네이버가 서버, 클라우드 비
용 다 부담해서 만드는 자기네 플랫폼인데 그걸
공짜로 쓰고 있는 나로서는 할 말이 없다고 생각
했다.

　　그런데 블로그에 내 콘텐츠가 조금씩 쌓이면
서, 그리고 대외 활동을 많이 하면서 주소에 대한

불만이 생겼다. 비록 네이버가 플랫폼을 제공했지만, 콘텐츠를 만드는 건 나인데…. 그리고 처음 만난 사람이 어디에서 일하냐고 물어볼 때 블로그 주소를 그대로 말하기가 조금 창피했다. 나름 프로로 활동하고 있다고 생각했는데 주소를 말하면 뭔가 블로그 서비스에 글만 적는 유저 정도라는 생각이 들었다.

다행히도 네이버 역시 이런 불만을 알았는지 블로그 주소를 '도메인'으로 바꾼다는 정책을 내놓았다. 유저들의 콘텐츠를 존중하며, 네이버 블로그의 부속품이 아닌 자랑스럽게 내세울 수 있는 '나의 브랜드'를 인정한다는 뜻이었다. 그런 정책이 나온 뒤에, 드디어 나도 도메인을 쓰기 시작했다.

고민 끝에 정한 도메인 주소는 www.redsunny.co.kr였다. Red Sunny, 내 닉네임 '레드써니'를 영어로 적었다. 분명 누가 쓸 것으로 생각했는데, 의외로 없었다. 하늘이 주신 기회라 생각하고 바로 도메인으로 세팅했다.

도메인을 쓰고 나서 블로그를 보는 마음가짐

이 달라졌다. 블로그를 하는 유저가 아니라 엄연히 내 주소, 내 도메인을 쓰고 있는 사이트의 주인이었다. 어디서 글을 쓰냐고 누가 물을 때도 당당히 내 주소를 말할 수 있었고, 확실히 나의 브랜드가 있다는 책임감이 팍팍 들었다.

도메인 주소를 만들고 나서 네이버, 다음 등 주요 포털 사이트에 검색 등록도 했다. 네이버 블로그의 관련 주제를 검색해서 오는 것이 아닌 '레드써니'라는 브랜드를 찾아오길 바라는 마음으로 등록했다. 블로그 통계를 보면 딱히 많은 수는 아니지만 그래도 가끔 '레드써니'라는 검색어 유입이 있어 뿌듯했다. 콘텐츠로 내 블로그가 인정받는 기분이 들어서. 아마 네이버 정책이 바뀌지 않는 이상 계속해서 블로그 주소는 www.redsunny.co.kr로 쓸 듯하다. 혹시나 운영하는 채널에서 브랜딩을 키우고 싶다면 닉네임, 제목 변경이 아니라 도메인을 사는 것을 추천한다. 확실히 나의 이름을 건 주소는 브랜드를 만들고, 그에 걸맞은 콘텐츠를 만드는 데 큰 자극제가 되니까.

아쉽게도 2020년 네이버 블로그 정책이 바뀌면서 www.redsunny.co.kr 도메인은 더 이상 쓰지 못한다. 보안의 취약점이 발견되어 유저가 직접 정한 도메인으로 블로그를 연결하면 접속이 안 된다. 울며 겨자 먹기로 다시 blog.naver.com/i2krs으로 돌아와야 했다. 꽤 오래 쓴 도메인으로 자부심을 느끼고 쓴 주소인데, 이렇게 사라져서 아쉽다. 다만 www.redsunny.co.kr의 힘은 아직도 남아 있기에 이 주소는 나중 내가 더 큰 무엇을(?) 준비한다면 그때 주소로 활용하도록 마음을 먹고 있다.(간단하게 말해 이 도메인 주소를 N년간 사용하기로 하고, 비용을 지불했기에 어쩔 수 없지만.)

여담으로 네이버 모바일에서 '레드써니'를 치면 특별한 주소창이 뜨기도 한다. 최근 네이버에서는 크리에이터를 우선시하는 정책을 펼치면서 일정 이상의 팔로우 수를 보유한 블로거에게 마치 네이버 인물 검색처럼 크리에이터 검색창을 보여준다. 내 블로그에 대한 간략한 프로필과 팔로우 수, 소개 글을 보여주는데 뭔가 분수에 맞지 않는 감투를 쓴 것 같이 기분 좋기도 하고 쑥스럽기도 하다. 굳이 이렇게 말하는 이유는 네이버 검색 정보를 하나라도 더 드리려는 나의 마음이… 아니라

네, 네이버에서 '레드써니'만 검색해도 내 블로그
로 연결될 수 있다는 홍보를 한 것임이 업계의 정
설이기 때문에. (퍽)

저기, 레드써니 님 아니세요?

블로그에 얼굴 사진을 아예 올리지 않은 것은 아니지만 오프라인에서는 가급적 나 자신을 많이 숨긴다. 그런데도 꽤 신기한 일이 몇 번 있었다.

모 영화의 시사회에서 표를 받고 두리번거리는데 누군가가 물었다. "혹시 레드써니 님 아니세요?" 오웃! 순간 놀랐다. 어떻게 알았지? 그래서 반가운 마음에 인사를 하고 어떻게 알았냐고 물어보니 모자와 빨간 넥타이를 보고 알았다고 한다. 아하.

이런 일은 한두 번이 아니다. 특히 부산국제

영화제 기간에 자주 벌어진다. 블로그에서도 내가 부산에 살고 있다고 말하고 영화제 행사장에서 거의 살다시피 한다고 하니, 영화를 좋아하는 구독자들을 만날 때가 많다. 온라인을 통해 미리 연락을 주고 만날 때에도 얼굴은 모르지만 레드써니 공식 스타일(?)을 알아봐주고, 우연히 지나치다가 내 존재를 알아차릴 때도 있다. 내가 한창 방송에 나갈 때는 몇몇 사람들이 사인 요청을 하기도 했다. 물론 그때는 몰랐다. 그게 처음이자 마지막이 될 줄은.

블로그 캐릭터의 공식 패션도 있지만 R군의 오프라인 공식 패션도 있다. 그룹 에픽하이를 상당히 좋아하는데 그중 'Fly'는 인생 노래이다. 앞소절 "힘들죠~" 할 때 순간 나도 모르게 "네!"라고 할 정도로 신나는 멜로디에 삶을 위로하는 가사가 너무나 좋았다. (듣고 많이 울기도 하고) 그때 에픽하이의 패션이 흰 셔츠에 빨간 넥타이였다. 노래도 좋으니 가수의 패션도 마음에 들어 중요한 면접이나 행사가 있으면 그렇게 입고 갔다. 거기에 하나 더 포인트를 둔 것이 야구모자.

R군 캐릭터의 트레이드마크인 야구모자와 에 픽하이의 레드 넥타이가 합쳐져 오프라인의 R군 패션이 완성되었다. 내게는 이 패션이 늘 행운을 줬다. 중요한 면접이 있으면 이렇게 입고 갔고 좋 은 결과를 얻었다. 패션 때문은 아니겠지만 그런 좋은 느낌 때문에 지금도 인생을 좌지우지할 자 리에는 꼭 같은 차림으로 간다. 어쨌든 그렇게 이 패션을 노출하면서 자연스럽게 블로그에서도 '야 구모자+빨간 넥타이'는 R군이 되었고, 안면 없는 사람들까지 R군을 알게 되었다.

이것은 온라인 R군이 아니라 오프라인 R군 의 포지셔닝으로 연결해서 생각해볼 만하다. 온라 인 캐릭터를 오프라인으로 들고 와 블로그랑 연 계된 활동을 계속한다는 점에서. 처음에는 행운 의 징표, 자신감을 가질 수 있는 패션 스타일이었 지만, 온라인 R군의 어떤 점과 닮았으면서 오프라 인 황홍선에게도 큰 영향을 끼친 모습이다. 이제 는 R군의 트레이드마크가 된 야구모자와 빨간 넥 타이. 아마 앞으로도 영화 관련 중요한 행사에 참 석하거나 취재를 하러 간다면 이런 스타일로 계속

갈 것 같다. 〈아이언맨〉에게 힘이 되는 슈트가 있
다면 R군에게는 이 자체가 최강 슈트인 셈이니까.

나의 닉네임을 찾아서

앞에서 말했듯이, 블로그를 비롯해 대부분 인터넷에서의 내 닉네임은 레드써니다. 그러면 사람들은 종종 묻는다. "혹시 최면할 때 레드썬?" 실제로 레드썬으로 검색해놓고 블로그가 나오지 않는다고 연락도 준다. 어떻게 보면 작명 제대로 실패다. 영어 Red+Sunny의 결합인데 뜻도 이상하고 입에 잘 붙지도 않고.

그럼에도 불구하고, 레드써니라고 적은 건 순전히 이름 때문이다. 내 이름 홍+선을 영어로 바꾸면 Red+Sunny가 되기에. 대충 억지로 맞춘 것 같지만 이 닉네임을 무려 중학교 때부터 생각했기에 쉽게 바꾸기 어렵다. (그때 다른 생각을 해야 했다.)

그래서 다른 사람들이 닉네임을 부를 때 온전한 풀네임으로 말하는 걸 들어본 적이 거의 없다. "레드"가 제일 많았고, 그다음이 "써니". "레드써니"라고 불린 적은 거의 없으며 듣는 나도 낯설다. 인터넷에서 네 글자 닉네임은 많이 긴 편이다. 이렇게 문법이나 발음이나 착 달라붙진 않는 나와 같은 닉네임은 더욱.

닉네임으로 벌어진 해프닝은 온라인으로만 그치지 않았다. 다니던 학교 영어 수업 시간에 원어민 강사가 왔는데 닉네임을 지으라고 했다. 그래서 별다른 생각 없이 예전부터 사용하던 레드써니라는 이름을 적었는데 출석을 부르고 나를 쳐다봤다. 써니라는 이름 자체가 외국에서는 거의 여성의 이름이라 내가 여자인 줄 알았다고 했다. 닉네임을 바꿀 생각이 없느냐, 라는 질문에 할 수 없이 레드라고 했는데, 레드는 인생 영화 〈쇼생크 탈출〉의 모건 프리먼이 맡은 역할과 같은 이름이라 했다. 마침 원어민 선생님과 영화 이야기를 하다가 이런 공통점을 알게 되어 본격적으로 친하게 된 사연이….

그래도 나는 레드써니라는 닉네임이 사랑스럽다. 내 이름이라는 것이 첫 번째고, 어찌 되었든 오랜 기간 함께했기 때문이다. 닉네임을 바꾸겠다는 생각은 아예 없다. 다만 닉네임을 줄여서 또 다른 닉네임으로 만들기는 했지만. 오히려 지금은 본명보다 더 많이 들리는 또 다른 이름이 된 느낌이다.

그래서일까? 유난히 내 블로그에는 '레드' 이미지가 많이 겹친다. 실제로 나 역시 패션 포인트를 레드에 두기도 하고, 이상하게 색깔을 고르면 레드를 많이 고른다. 그렇다고 이 색깔을 좋아하는 것은 아니다. 하도 많이 불리니 무의식적으로 나에게도 '레드'의 이미지가 각인되었나 보다.

그렇게 갖은 고생 끝에 레드써니라는 닉네임이 탄생했고, 앞으로도 계속 쓸 예정이다. 중학교 때 재미 삼아 만들었던 닉네임이 결국에는 나의 정체성 자체가 되었다. 인터넷에 쓰는 이름이라고 함부로 만들면 안 된다는 교훈을 뼈저리게 느끼

긴 했지만, 아직도 꿋꿋이 쓰고 있는 내 운명이자
자부심으로 레드써니는 계속 불릴 것 같다.

R군 캐릭터 탄생

내 블로그에 들어오면 누구보다 먼저 만날 수 있는 이미지가 있을 것이다. 블로그 상단 스킨에서 귀여운 표정으로 누군가를 향해 행복하게 달려가는 캐릭터, 바로 나의 캐릭터 R군이다. 그런데 왜 레드써니가 아니고 R군이냐고? 말하자면 긴 스토리를 가지고 있다.

R군 캐릭터 탄생에 관한 이야기는 블로그 초창기부터 시작된다. 지금은 거의 올리지 않지만 초기만 해도 교묘하게 얼굴을 가린 셀카를 자주 업로드했다. 셀카에는 늘 같은 패션 아이템이 있

었다. 야구모자와 후드. 블로그 스타일도 이런 개
구진 모습과 닮아서 종종 이웃들이 R군의 캐릭터
를 자발적으로 그려주었다. 거기에는 항상 모자
와 철 덜 든 꼬마가 있었다. 이게 한 장, 두 장 쌓
이니깐 정말로 나의 캐릭터가 되었다. 실물보다
훨씬 괜찮은 캐릭터라 마음에 쏙 들었다.

캐릭터가 생기고 나니 이상하게 글 스타일도
거기에 맞춰지는 듯했다. 조금은 명랑하고 조금
은 장난기 가득한 소년이 적은 글처럼 쓰기 시작
했다. 그러던 중 아예 캐릭터를 그려보자는 생각
으로 모자×소년이라는 콘셉트를 밀고 나갔고 이
웃 블로거가 여러 가지 표정이 있는 그림까지 주
면서 캐릭터 'R군'은 완성되었다.

놀라는 모습, 화난 모습, 사랑스러운 모습까
지. 캐릭터를 확실히 정하니 큰 주제 없이 글을 써
도 하나의 이야기가 되었다. 무엇보다 R군을 위한
만화도 그렸다. 소소한 일상이나 영화 이야기를
'R툰'이라는 매체로 그림을 그렸는데 쏠쏠한 재미
도 있었다. 특히 표정들이 많으니까 이미지만으로
도 하나의 이야기가 되어 또 다른 콘텐츠를 만들
수 있었다.

R군 캐릭터는 블로그에만 머물지 않았다. 내 이름을 건 TV 프로그램에 레드써니라는 이름보다 R군으로 소개했고, R군 캐릭터의 사진과 표정을 그대로 본떠 하나의 코너가 완성되었다. 공식적으로 기고하는 사이트나 잡지에서도 닉네임을 R군이라고 하고 캐릭터를 전달하거나 캐릭터를 전달하기 힘들면 야구모자와 후드티를 입은 나의 사진을 줬다. 외부 채널에서의 콘텐츠 스타일도 R군처럼 개그 본능 강하고 조금은 쌈마이스럽지만 사람들과 재미있게 소통할 수 있는 친근한 어투로 다가갔다.

처음에는 내 이미지를 본떠서 만든 것이 R군이라는 캐릭터였지만, 이제는 내가 오히려 R군이 되는 느낌이다. 나이를 꽤 먹었으나, 여전히 소년 감성에 야구모자를 즐겨 쓰는 것도 그렇고 캐릭터와 실제 사람이 일체가 되는 수준까지 왔다. 하지만 잘 구축된 캐릭터로 개성 넘치게 블로그를 운영할 수 있었고 R군을 활용한 여러 가지 프로젝트도 계속 진행할 수 있었다. 지금은 많은 크리에이터들이 자기를 대표하는 캐릭터를 만들고 잘 활용하고 있다. 그런 점에서 볼 때 R군을 캐릭터화하고 대표 이미지를 만든 건 현명한 선택이었다는 생각이 든다.

R군 명함을 만들다

최근에 명함을 하나 만들었다. 명함을 만든 이유는 두 가지다. 하나는 나 자신을 알리고 싶었고, 하나는 명함이 없으니 취재나 여러 행사에 갈 때마다 불편한 점이 많았기 때문이다. 이전에도 명함을 만들었지만, 첫 번째는 백지에 연락처만 많이 넣어서 실패했다. 다음 두 번째 명함에는 경력만 많이 넣어 너무 자랑 같아서 실패. 이번 명함은 내 소개는 간략하게 줄이고, R군 캐릭터를 딱! 중간에 넣었다. 다들 보면서 캐릭터가 귀엽다고 명함을 한번 더 살펴보는 느낌이다.

사실 네이버에서 파워블로그로 선정되었을 때 꽤 근사한 명함을 주기도 했다. 종이 질도 좋았고 네이버 공식으로 주는 명함이라 어깨에 힘 들어가는 명예도 있었다. 무엇보다 파워블로그라는 엠블럼이 손으로 만질 수 있게 명함 앞에 딱 붙어 있었다. 명함을 받으면 다들 "우와, 파워블로거세요?" 하며 치켜세워줬다. 그럴 때마다 괜히 기분 좋았다. 내가 만든 명함을 보여줬을 때는 "이놈 뭐야?" 하는 분위기였는데 이건 마치 국가공인, 아니 네이버 공식인증 인기 블로그라는, 굳이 말하지 않아도 자동적으로 증명되는 자격증 같아 보였다.

　하지만 이름보다 더 돋보이는 파워블로그 엠블럼이 솔직히 껄끄러웠다. 사실 나는 파워블로그라는 명칭이 싫다. 어디가서 블로그를 소개할 때 "파워블로거 레드써니입니다"라고 절대 말하지 않는다. 촌스럽게 파워가 뭐냐 파워가. 블로그가 거대해지고 유명해진 건 좋지만 그렇다고 거기에 '파워'라는 명칭을 써서 뭔가 독보적이고 잘난 듯한 느낌을 주는 게 영 별로다. 어쨌든 그 명함을 내밀 때면 단번에 네이버 인정 파워블로그라는 포스는 있지만 그게 온전히 내 것이라는 생각이 들지 않았다.

　그런 가운데 R군 캐릭터를 활용했고 이번 명함에 넣었다. 캐릭터가 있으니 사람들이 궁금해하고 더 쉽게 이해하는 듯하다. R군 캐릭터는 이렇게 명함뿐만 아니라 많은 곳에서 인용되었다. 채널CGV '히든무비' 코너를 할 때도 얼굴이 아닌 R군이 나와 눈길을 사로잡았고, 객원 필진으로 활동하는 곳에는 늘 R군 캐릭터가 블로그 이름보다 더 앞에 있었다. 업무적으로 사람들과 만날 때 "R군 캐릭터를 보면서 홍선 님의 이미지를 생각했다"라는 이야기를 들으면 이건 이제 캐릭터가 아니라 아예 증명사진이 된 느낌이다. 비록 네이버 파워블로거 명함처럼 사람들이 단번에 알아채진 못하지만 적어도 그걸 남들한테 줄 때 드는 거부감, 어색함 없이 정말 내 콘텐츠를 상대방에게 당당히 전달하는 뿌듯함이 있어 좋다.

　영화평론가 깜냥은 되지 못하지만, 영화라는 콘텐츠를 누구보다 재미있고 쉽게 이야기하고 싶어 만든 것이 블로그고 그 블로그를 운영하는 레드쓰니, 즉 R군의 이미지를 만든 것이 R군 캐릭터다. 특유의 익살스러운 느낌으로 지금도 영화평론 가가 아닌 영화 수다쟁이로 많은 사람들에게 다 가가면 좋겠다. 또한 그것이 파워블로그라는 한 정된 카테고리에 가둬지지 않았으면 좋겠다. 물론 지금 나를 가장 알려주는 채널이 블로그이긴 하지 만 블로그 역시 내 콘텐츠를 잘 전달해주는 많은 채널 중 하나다. 오히려 모니터를 넘어서, 블로그 를 넘어서 R군 그리고 레드써니 자체가 영화 콘텐 츠를 만드는 나를 대표하는 이미지가 되면 좋겠 다. 그럼 지금 필요한 건 뭐? 명함에 부끄럽지 않 은 재미있는 영화 이야기를 열심히 만들어야 한다 는 것. 자자 이럴 때가 아니다. 노트북을 켜고 당 장 포스팅을 하자고!

봉 감독님, 제가 빚을 집니다

내 블로그의 전환점을 꼽으라면 두 번 생각할
필요도 없이 2006년 7월 30일이라고 말한다. 그
날은 영화 〈괴물〉을 보고 사상 처음으로 한 편의
영화에 두 개의 리뷰를 적었다. 그날의 선택은 무
려 내 블로그, 그리고 내 운명을 바꿔 놓았다. 그
건 내 인생에서 한 편의 멋진 나비효과였다.

2006년 7월. 대한민국이 한 편의 영화로 뜨거
웠다. 바로 봉준호 감독의 〈괴물〉. 앞서 공개된 칸
에서의 호평도 좋았고, 한국영화에서 보기 드문
괴수 영화를 소재로 했다는 시도 때문이기도 했

다. 나는 사실 봉준호 감독의 전작 〈살인의 추억〉을 인생 영화로 봤기 때문에 〈괴물〉에 대한 기대가 컸다. 지금도 변하지 않는 올-타임 최고의 한국영화. 〈살인의 추억〉을 보고 나서 이런 생각이 들었다. 당시 영화비가 6000원 정도 했는데 이 영화는 그보다 더한 표값을 주고 봐도 아깝지 않겠다고. 그야말로 영화를 너무 완벽하게 봐서 내가 오히려 빚을 진 느낌이었다.

그런 가운데 〈괴물〉을 보러 가는 날은 봉준호 감독에게 빚(?) 갚으러 가는 날이었다. 엄청난 기대 속에 〈괴물〉을 봤다. 좋았다. 하지만 〈살인의 추억〉을 봤을 때만큼의 흥분은 아니었다. 리뷰를 적어야 했다. 어떻게 글을 써야 할지 막막했다. 대체적으로 영화의 좋은 점을 주로 부각하는 나로서는 〈괴물〉의 훌륭했던 점을 적었다. 기술적 성취, 깊이 있는 사회 비판. 그런데 영화 자체를 흥겹게 보지 못해 글 역시 판에 박힌 느낌이었다. 그런데 뭐 어쩌랴, 이미 영화는 봤고 리뷰는 적었기에 끝이라고 생각했다. 하지만 운명이 바뀐 날은 그 주 일요일에 찾아왔다.

이미 영화를 봤지만 우연한 기회로 다시 한 번

〈괴물〉을 보게 되었다. 그런데 내가 과연 이 영화를 봤나 싶을 정도로 완전히 다른 느낌으로 다가왔다. 확실히 두 번 보니깐 더 좋았다. 아니 더 깊이 있게 영화가 보였다. 흥분되었다. 몇 년 전 〈살인의 추억〉을 봤을 때의 희열이 느껴졌다. 그리고 나의 블로그 사상 처음으로 같은 영화를 보고 두 번이나 리뷰를 적게 되었다. 영화 자체를 너무 좋게 보니깐 글도 춤추듯이 길게 적었다. 다 적고 나니 A4로 5~7페이지는 나왔다. 조금 더 다듬어서 블로그에 업로드를 하고 잠이 들었다.

다음 날, 포털 사이트에서 난리가 났다. 워낙 뜨거운 영화라 네이버 메인창에서 〈괴물〉을 특집으로 다뤘다. 거기에 내가 두 번째로 적은 리뷰가 올라와 있었다. 첫 번째 리뷰가 전체적인 영화의 완성도에 대한 이야기였다면 두 번째 리뷰는 영화의 세세한 것까지 분석하고 해석하는 것이었다. 두 번째 리뷰의 반응은 가히 폭발적이었다. 정확한 조회수는 생각나지 않는데, 하루에만 십만 단위의 방문객이 들렀다. 공감과 댓글도 폭발적이었다. 내 블로그에 처음으로 댓글이 100개를 넘었다. 나와 비슷한 생각을 가져서 공감된다는 댓글이 대부분. 영화에 대한 비판도 있었다. 그런 걸 떠나 그냥 내 블로그의 댓글창이 〈괴물〉의 메인 게시판이 되었다.

〈괴물〉 리뷰의 파급력은 엄청났다. 그때의 리뷰를 모 신문사에서 핫이슈로 소개해서, 처음으로 매스컴을 타기도 했다. 더 놀라운 건 그때의 리뷰를 보고 부산 모 영화관의 매거진 제작자가 인턴으로 일해보는 게 어떠냐는 제의도 해왔다. 오마이갓. 세상이 무서워서 밖에 나가지도 못하던 당시의 나였는데 영화 리뷰를 하나 써서 그렇게 원하던 일을 하게 되다니. 이때의 활동은 또 하나의 씨앗이 되어 꽤 놀라운 인생의 결과를 낳기도 했다. 어쩌면 지금의 나를 만든 가장 중요했던 날갯짓이 아닌가 싶다.

그렇게 〈괴물〉 리뷰가 큰 사랑을 받고 다음 영화의 리뷰도 〈괴물〉만큼은 아니었지만 많은 반응을 얻었다. 그야말로 내 리뷰를 찾아 읽는 구독자층이 생겼다. 진짜 당시에 리뷰는 있는 지식, 없는 지식 총동원해서 매번 논문 하나 적을 듯이 적었다. 그런 노력이 내가 가진 재능에 비해 너무 많은 관심을 받아서 얼떨떨했고, 감사했다. 그리고 태어나서 처음으로 스스로에 대한 자신감을 가져봤다. 그런 용기가 온라인이든, 오프라인이든 큰 용기를 가져오게 되었고.

여담으로 2008년 전주국제영화제 때 봉준호 감독님을 직접 만났다. 당시 블로그 활동을 열심히 해서 전주국제영화제에 갔는데 봉준호 감독님도 심사위원으로 참가했다. 기자회견이 끝나고 딴 데로 가려던 중 길거리에서 감독님을 만나 염치 불고하고 사진을 찍자고 했다. 흔쾌히 허락해주셔서 사진을 찍고 동네방네 자랑하고 다녔다. 길거리라서 긴 이야기는 하지 못했지만 〈살인의 추억〉과 〈괴물〉이 너무 좋았고 내 인생 자체를 바꿔줬다고 말하자 미소 지으면서 격려해주셨던 기억이 난다. 그때도 정말 대단했는데, 〈기생충〉이 칸국제영화제와 아카데미 시상식에서 선전하게 되니 새삼 그때 찍은 사진이 인생 보물처럼 느껴진다.

스브스뉴스에 나오다

전화가 왔다. "여보세요?" "안녕하세요, 저는 SBS 뉴스 기자 하대석이라고 합니다. 황홍선 씨 맞나요?" 아뿔싸, 방송국에서 전화가 왔다. 죄지은 것도 없는데, 무슨 사건에 잘못 연루되었나? 떨리는 목소리로 답변을 했다. "네, 제가 황홍선인데요." 거의 울다시피 답했는데 다음 질문에 갑자기 두근거리기 시작했다. "황홍선 씨, 레드써니 블로그 운영하시는 분 맞죠?"

SBS 기자가 전화한 이유는 이거였다. 2010년 영화계에서는 색다른 채널들의 유저가 인기를 끌

고 있었다. 블로그, 트위터, 페이스북 등. 그래서
영화계에 새롭게 떠오르는 파워를 취재하고 싶었
고 그중 영화 블로거를 대표해 나와 인터뷰를 하
고 싶다고 했다. 블로그를 오래 하다 보니 세상에
SBS에서 그것도 8시 메인 뉴스에서 인터뷰하자는
연락이 온 것이다. 떨리는 목소리로 승낙했다. 얼
굴 콤플렉스 문제는 둘째 치고 이번이 아니면 언
제 기회가 있겠냐 싶어 오케이했다.

인터뷰 장소도 영화 관련 취재답게 〈시〉 언론
시사회장에서 했다. SBS에서도 〈시〉 관련 취재를
하고 있었는데 거기에 나도 함께 괜찮은 화면을
잡기로 했다. 인터뷰하는 것도 얼떨떨한데 졸지에
이창동 감독님과 윤정희 배우님을 눈앞에서 보고
내 소개까지 하게 되었다. 악수까지 했다. 지금 와
서 보면 인터뷰보다 이때가 더 떨렸다. 사실 엄마
가 윤정희 배우의 열렬한 팬이었다. 가족들은 내
가 블로그를 하는 것을 잘 알고 있지만, 얘가 밖
에 나가서 뭘 하는가 싶었을 듯하다. 근데 윤정희
배우와 악수하고 사진 찍은 걸 엄마한테 보여주니
놀라워하는 동시에 많이 대견해하셨다. 엄마 입장
에서도 방구석에서 세상 원망만 하던 녀석이 이제

는 당당히 밖에 나가 자신이 좋아하는 배우를 만나 같이 이야기를 나눈다는 게 뿌듯했을 듯하다. 아 갑자기 눈물이….

어쨌든 그렇게 SBS 뉴스와 인터뷰를 하게 되었다. 어떻게 블로그를 시작하게 되었는지, 기존의 매체와 블로그는 어떤 점이 다른지 이야기했다. 당시 담당 기자는 처음 인터뷰 하는 사람 치고 말을 참 잘한다고 했다. 립서비스겠지만 기분이 좋았고, 들뜬 마음에 랩까지 했다. 다시 말해서 쉴 새 없이 말을 빠르게 했다는 소리다.

인터뷰를 하고 방송은 그다음 주쯤에 나올 것이라고 했다. 큰 기대는 하지 않았다. 아마 데스크에서 잘리지 않을까 하고. 그래도 이렇게 방송의 기회를 잡은 것만으로도 어디냐며 부산에 내려왔다.

그러던 어느 날 갑자기 일본 드라마 소식을 꾸준히 알리는 블로그를 운영하는 한길 님, 아니 한길 형에게 전화가 왔다. 워낙 좋아하는 형이라 갑작스러운 연락이 놀랍기도 했지만 반갑기도 했다. 근데 형은 다급한 목소리로 "홍선아 너 SBS 뉴스에 나온다!" 했다. 헉 정말?

그때부터 내 전화기는 폭주했다. 방송을 보고 지인들이 전화가 와서 물어봤다. 정말 너 맞냐고. 정작 방송에 나간 나는 생방송을 보지 못하고 인터넷 다시보기로 시청했다. 근데 진짜 진짜~ 방송에 내가 나왔다. '텔레비전에 내가 나왔으면 정말 좋겠네~'라는 노래를 어렸을 때 불렀는데, 그런데 그런 일이 실제로 일어났다. 그것도 SBS 8시 뉴스 메인에. 편집을 워낙 잘 해서 그날 방송은 잘 나왔고 가문의 영광으로 남게 되었다. 가끔 운 좋은 기회로 강연하러 가게 되면 그날 인터뷰는 항상 틀어본다. SBS에서 잘 소개해줬는데, 이보다 좋은 PR이 어디 있냐고. 그런데 이것도 세월이 지나니 약발이 점점 떨어진다. 더 열심히 해서 또 방송 타야 될 텐데.

그리고 방송 뒤에 나는 별명이 하나 더 생겼다. '황호선'이라고. 사실 인터뷰는 잘 나왔는데 내 이름은 오타로 나왔다. 황호선으로. 다음 날 학교에 가자 내가 TV에 나왔다는 소식에 놀라워하면서도 다들 '황호선'으로 놀렸다. 눈물을 머금으며 괜찮다고 애써 위로한다. 방송 탄 게 어디야.

참고로 이때 나를 인터뷰했던 담당이 SNS 전문 뉴스채널 스브스뉴스를 만든 하대석 기자이다. 당시 방송 후에 기자의 한 마디 같은 코너로 취재를 하게 된 이유나 후기를 적는 페이지가 있었는데, 이때 블로그를 비롯한 SNS 세계가 놀랍다며 탐구하고 싶다고 쓴 글을 봤다. 이후 스브스뉴스를 만들고 운영하는 걸 보면서 되게 놀라웠다. 최근 스브스뉴스는 〈문명특급〉도 있고 유튜브에서 더 화제가 되는 걸 보니 매체가 얼마나 빠르게 변화하는지 새삼 느낀다.

파워블로그가 되다

2008년 네이버에서는 공식적으로 파워블로그를 선정했다. 각 분야별로 좋은 콘텐츠를 가지고 꾸준히 블로그를 운영하는 유저들에게 파워블로그 엠블럼을 줬다. 나도 2003년부터 영화에 관한 이야기를 적은 이유로 운 좋게 선정되었다.

당시에는 그냥 영화 보고 글 쓰는 게 좋아서 밤낮 가리지 않고 포스팅을 했다. 대학생이지만 학교 리포트보다 영화 리뷰 쓰는 걸 우선시할 정도였으니. 그렇게 재미를 취미로, 취미를 거의 부업 수준으로 하면서 뜻하지 않은 경험과 기회들이 생기고 콘텐츠가 점점 풍부해지기 시작했다. 매일 꾸준히 블로그를 하다 보니 인생에서 처음으로 엠블럼이라는 것을 달아보기도 했다.

파워블로그가 되었다고 해서 당장 달라지는 건 없었다. 하지만 의외로 많은 기회가 생기기 시작했다. 여러 기업에서 블로그 서포터즈 같은 운영 제안도 들어오고, 블로그에 관한 강연 의뢰도 종종 들어왔다. 갑작스러운 작은 주목에 당황하기도 했지만, 이 중 몇몇 프로젝트는 활동하면서 신기하기도 했고 좋은 추억으로도 남았다.

네이버 파워블로그 선정은 2008년을 시작으로 2014년까지 계속되었다. 나는 2008년부터 2012년까지 연속으로 선정되었다. 지금은 네이버에서 공식적으로 파워블로그를 뽑지는 않지만, 유명 블로그, 영향력 있는 블로그들은 여전히 파워 블로그라는 공통적인 명칭으로 활동하고 있다.

하지만 파워블로그는 내가 좋은 콘텐츠를 만들었다고 해서 된 것이라고만은 생각하지 않는다. 정돈되지 않는 마음만 앞선 영화 관련 글이었지만 재미있다고, 웃기다고(나는 리뷰에 달리는 '오우~ 좋은 글입니다' 이런 댓글보다 'ㅋㅋㅋ 정말 웃겨요' 하는 댓글에 더 뿌듯하다.) 응원해준 이웃, 구독자들 덕분이었다. 오프라인에서 힘들고 어려울 때도 블로그의 댓글과 안부를 보며 힘을 얻고 달려갈 수 있었다. 그때도 블로그를 통해 감사의 인사를 전했지만 다시 한 번 진심으로 고마운 마음을 책에 남긴다.

사인을 연습해야 하나?

방송도 타고, 파워블로그로도 선정되면서 블로그에 꽤 많은 사람들이 찾아왔다. 몇몇 글은 소위 네이버 메인으로 장식되어 어떨 때는 하루에 80만 이상의 사람이 방문한 적도 있어 기분이 묘했다. 그 정도 방문자가 오니깐 기분이 좋다, 이런 정도가 아니라 그냥 너무 많아서 오히려 와닿지 않았다. 그렇게 조회수가 올라가면서 천만 이상의 누적 조회수를 달성하기도 했다. 2010~2014년은 블로그 최고 전성기였다.

블로그 전성기가 오자 많은 일들이 있었다.

집이 부산이라 하루가 멀다 하고 서울에 가야 하는 일이 많았다. 주로 영화 관련 시사회, 인터뷰, 쇼케이스 취재 등이었다. 한동안 동네 버스보다 KTX를 더 자주 탄 적도 있었다. 하지만 좋아하는 영화를 누구보다 먼저 보고, 스크린 속 스타를 눈앞에서 만나거나, 운이 좋으면 직접 이야기를 나눌 수 있는 순간을 맞으면 그런 수고스러움이 전혀 아깝지 않을 정도였다.

영화뿐만 아니라 블로그를 통해서 다양한 이벤트와 기회들이 왔다. 영화 쪽 블로그를 하다 보니 주로 문화나 방송 관련해서도 참여할 기회가 많았는데, 그로 인해 유명 매체에 기고하기도 하고, 같이 협업해서 캠페인 포스팅을 한 적도 많았다. 당시에는 블로그 마케팅으로 체험단 활동을 진행했는데, 나 역시 TV, 미니빔 등을 먼저 체험한 적이 있다. 부모님은 갑자기 집에 대형 TV가 오니깐 이게 무슨 일인가 싶었는지 놀라워하셨는데, 블로그를 통해서 하는 일이라고 말하니 계속해서 열심히 블로그 하라고 격려도 하셨다.

강연 요청도 몇 번 있었다. 이때 나는 대학교를 다니고 있었는데, 어느 날 블로그에 쪽지가 왔다.

디지털 문화에 대해 강연을 하는 교수님이 블로그 문화에 대한 특강에 초청했다. 세상에. 처음에는 쪽지를 받고 기쁘기보다는 당황했던 기억이 난다. 부산에 사는 블로거로 알고 있다며 특강을 요청했는데, 더 신기한 건 내가 다니던 학교의 교수님이 셨다는 것이다. 고민 끝에 특강을 수락하고 이런저런 이야기를 했는데 너무나도 신기한 경험이었다.

영화 관련 블로그를 운영하다 보니 영화제, 특히 부산국제영화제만큼은 목숨 걸고 취재를 한다. 앞에서 이야기한 것처럼 이런 공식적인 자리에는 '야구모자+빨간 넥타이'를 꼭 하고 간다. 방송 인터뷰에서도 이런 스타일로 입었는데, 그때 누군가가 영화제를 취재하다가 "혹시 레드써니 님 아닙니까?" 하고 물어오길래 "네, 맞습니다"라고 답했다. 그러자 "저기, 사인 좀 해주세요" 했다. 헐 ~ 카드 결제 이후 다른 사람에게 사인한 적은 처음이었다. 옆에 있던 지인이 "오~~" 해서, 괜히 어깨가 올라갔다. 하지만 사인은 이것이 마지막이었다. 지금 생각하면 너무나도 꿈 같은 시간이었다. 그날 이후 괜히 연습장에 사인 연습도 했으니.

덕분에 지금도 카드 결제하고 사인은 기가 막히게 하고 있다. 적고 보니 이거 정말 쓸쓸하구먼.

블로그가 유명해지면서 좋은 점은 무엇보다 자신감이었다. 블로그를 통한 여러 가지 활동 제안이 왔고, 대부분 오프라인으로 나가야 했다. 온라인에서 그치는 활동이 아니었다. 처음에는 그런 자리가 부담스러웠지만, 점점 블로거 R군, 레드써니로서 나의 경력을 믿고 당당하게 나갈 수 있었다. 덕분에 좋은 활동도 했고 다른 분야의 전문적인 블로거들도 만날 수 있었다. 이 중에는 아직까지도 인연을 이어가는 사람들도 많다. 나 자신을 별로 좋아하지 않는 편이지만 온라인 블로그를 통해 오프라인에서 어렵고 힘들고 외면했던 것을 하나씩 해나가며 점점 밖으로 향하는 모습에 스스로를 처음으로 인정하기도 했다. '서툴지만 나쁘지 않아 R군' 하면서. 지금은 냉정하게 말해 그때만큼 블로그가 유명한 것은 아니지만 당시의 경험들이 온라인 R군이 아니어도 오프라인 황홍선으로 충분히 헤쳐나갈 수 있게 기반이 되었다는 점에서 블로그에 대한 고마움을 항상 느낀다.

실시간 검색어 1위!

블로그를 통해 많은 기회와 경험을 했고, 살짝의 자랑거리도 생겼지만 그중에서도 아마 이건 어느 블로거도 도달하지 못한 진짜 진짜 역대급 가문의 영광이 아닐까 싶다. 바로 네이버 실시간 검색어 1위 등극. 아쉽게 닉네임 '레드써니'나 'R군'은 아니지만 내 이름 석자 '황홍선'이 한때 네이버 실시간 검색어 1위를 한 적이 있다. 무슨 사고라도 쳤냐고? 아니. 그렇게 된 이유는 따로 있다.

지금은 사라졌지만 MBC에는 '클래지콰이'의

'호란'이 진행하는 '슈퍼블로거'라는 프로그램이 있었다. 독특하고 개성 넘치는 블로그를 방송에서 직접 소개하는 프로그램인데, 여기에는 매주 한 블로거를 초대해 블로그 이야기를 전하는 토크쇼도 있었다. 그동안 많은 분야의 블로그가 나왔는데, 영화 분야 블로그로 내가 출연하게 되었다. SBS 인터뷰야 잠깐 1, 2분 나오는 거라 크게 부담은 없지만 MBC '슈퍼블로거'는 무려 40분이나 온전히 MC와 게스트의 토크쇼로 진행되었다. 처음에는 방송을 한다고 하길래 안면 장애로 하지 말까도 생각했지만 안 하면 정말 후회할 것 같아서 그냥 방송사고 한 번 치자는 마음으로 나갔고, 그렇게 녹화를 했다.

꽤 오래전 일이라 기억이 가물가물하지만, 부천의 어떤 카페를 통째로 빌려서 녹화한 기억이난다. 녹화하는 내내 너무 떨려서 제대로 말도 못했다. 방송 녹화는 이렇게 하는구나 싶어 규모에놀라기도. 무엇보다 내가 이렇게 떨고 있는 동안 호란 씨가 내 옆을 지나가는 것 아닌가? 진짜 꿈을 꾸는 줄 알았다.

하지만 진행자 '호란' 씨가 잘 이끌어줬고 워낙 매끄럽게 질문해서 허심탄회하게 대답을 했다. 처음에는 말을 잘하지 못했지만, 시간이 지나고 나니 마치 오랜만에 친구를 만나는 것처럼 이야기가 술술 나왔다. 그렇게 녹화를 하고 방송 당일이 왔다.

공중파 1시간 프로그램이라고 하지만 방영시간이 별로 좋지는 않았다. 금요일에서 토요일로 넘어가는 새벽 1시. 그때 얼마나 많은 사람이 보겠냐 싶었다. 방송은 하고 싶고, 그렇다고 시청자가 너무 많으면 부담스러울 것 같은 마음에 맞는 딱 적당한 방영시간이었다.

사실 너무나도 부끄럽고 떨려서 출연 사실을 아무한테도 말하지 않았다. TV에 나오는 내 얼굴을 볼 자신도 없어서 나도 보지 말까 했다. 하지만 방송은 시작되었고 그렇게 내가 나왔다. 당시 '호란' 씨는 나를 이렇게 설명했다.

"많은 블로거들이 블로그를 통해 인생이 바뀌었다고 하지만 이 사람만큼 바뀌었다고 말할 수 없을 거예요. 세상에 좌절 받고 혼자라고 생각했던 이 남자는 블로그를 통해 다시 세상 밖으로 나왔고…."

'슈퍼블로거'에서 많은 이야기를 했다. 블로그를 통해 얻게 된 기회와 많은 대외 활동, 영화 취재 등등. 여기까지는 다른 블로거들도 잘 말할 수 있는 테마인데 가장 두려우면서도 어쩌면 솔직하게 말하고 싶은 질문은 따로 있었다. 바로 얼굴 이야기.

그 질문이 나올 것으로 생각했지만, 호란 씨도 되게 미안해하면서 질문했다. 하지만 그 질문에 대한 답이야말로 내가 블로그를 통해 얼마나 많이 바뀌었고 희망을 품을 수 있었는지 명쾌하게 말할 수 있는 것이었다. 어렸을 때, 즉 블로그를 하지 않았을 때는 얼굴 콤플렉스 때문에 너무 힘들었지만, 블로그를 통해 세상 밖으로 나갈 수 있었고, 그 원천에는 영화가 큰 도움을 줬다고 말했다. 꽤 기억나는 말로는 "영화는 내게 마치 산소호흡기"가 있다. 당장 세상이 힘들어도 다음 주, 다음 달에 개봉하는 기대작을 보기 위해 나는 살아야겠다고…. 지금 생각하면 오글거리지만 그때 그 말은 진심이었다.

그렇게 방송은 끝났고 긴장된 마음은 진정되었다. 너무 늦게 방송해서 뭐 얼마나 볼까 싶었는데 헉! 방송 끝나고 네이버에 들어갔더니 내 이름 석 자가 네이버 실시간 검색어 1위에 올라가 있었다. 방송 나간다고 아무한테도 말하지 않았는데 전화와 문자가 쏟아졌다. 심지어 엄마는 울면서 감격에 겨워하시는 것 같고, 친구들도 "방송이 더 낫네~ 실물보다"라며 격려해줬다.

방송 후폭풍은 다음 날이 더 컸다. 네이버에 슈퍼블로거라고 검색했더니 내 사진이 쫘아아악 펼쳐져 있었다. 어떤 사람은 그 방송을 보면서 어떻게 블로그를 해야 하는지 자세히 적어줬고, 또 누군가는 어려운 환경 속에서도(?) 희망이 되는 블로거라며 좋게 글을 적어주기도 했다. 반가운 마음에 댓글도 남겼다. 영화관에서 어제 방송 봤다, 하며 악수를 청하는 사람도 있는 등, 방송 당일보다 방송 다음 날이 내게는 '슈퍼 데이'였다.

비록 지금은 프로그램이 없어졌지만 그렇게 방송에 나가게 된 용기와 솔직하게 말한 순간은 잊히지 않는다, "왕년에 내가~"라며 우스개 소리로 자랑을 하기도 하지만, 블로그를 통해 정말 나 자신이 변한 것을 느낀 놀라웠던 날이기도 하다. 하긴, 실시간 검색어 1위를 언제 또 해볼 수 있을까.

바빠도 덕질은 계속되근영

MBC 슈퍼블로거 이야기가 나와서 하나 더. 당시 호란 씨는 내게 이런 질문을 했다. "모 배우의 엄청난 팬인 걸로 아는데, 칸 레드카펫을 밟은 것이 기쁘세요, 아니면 그 배우의 팬미팅에 간 게 기쁘세요?" 방송이었다. 방송이라 방송이 원하는 대답을 할 수도 있었다. 하지만 나의 솔직한 대답은 이거였다. "그 배우의 팬미팅요." 그 배우의 이름은 … 아~ 이렇게 글로써 적는데도 설렌다. 문근영, 아니 문근영 배우님이시다!

내가 어느 정도 문근영 배우를 좋아하고 덕질

을 했는지 알 수 있는 몇 가지 예가 있다. 블로그 강연을 한 적이 몇 번 있었는데, 영화 블로그 레드써니라고 하니 다들 모르는 눈치였다. 뭐 어쩔 수 없지 하고 강연을 하다가 문근영 배우님 덕질 이야기를 하자 어떤 사람이 깜짝 놀라며 "어!? 저 알아요, 문근영 되게 좋아하는 블로거 R군 아니에요?" 그랬던 적이 한 번, 아니 몇 번 있었을 정도다. 그래서 어디 가서 날 소개하면 "영화 블로거? 아닙니다. 문근영 팬블로거 레드써니입니다"라고 소개할 정도. (그래서 슬프냐고? 아니! 나는 너무너무너무 자랑스럽근영!)

문근영 배우님을 오랫동안 좋아했다. 보자, 보자. 덕질의 시작이 〈댄서의 순정〉 개봉일이니깐. 2005년 4월 28일(오마이갓 날짜까지 다 기억하다니)부터 지금까지 언제나 문 배우를 좋아하고 응원하고 있다.

사실 문근영 배우님을 좋아하게 된 이유는 특별하진 않다. 2003년, 문근영 배우님이 나온 〈어린 신부〉는 신드롬을 일으킬 정도로 장안의 화제였다. 나는 당시 영화를 보지 않았는데도 워낙 장난 아니니 여러 매체에서 배우님 얼굴을 자주 보게 되고 "아 되게 귀여우신 분이구나" 정도 생각했다. 그때 편의점에서 알바를 했는데 상품 대부분이 문근영 배우님의 광고나 사진들이 붙어 있어 그야말로 세상은 근영월드(지금 돌아보니 그때야말로 낙원이근영). 그러던 어느 날 〈댄서의 순정〉이 개봉해서 영화관에 가서 봤는데, 그렇게 큰 스크린에서 문근영 배우님이 슬픈 눈망울로 관객을 보는데 차마 똑바로 보지 못했다. 너무 찬란히 눈부셔서. 하필 그날 꿈에 또 나와서 이건 필시 덕질의 운명이다 싶어 그때부터 지금까지 문근영 배우님 찬양 모드를 유지하고 있다.

문 배우 자체가 너무너무 좋은 이유도 있지만 덕질의 목표에는 성덕, 그러니깐 덕업일치가 있었다. 원래 영화를 좋아하고 영화 기자가 되는 게 꿈이고, 문 배우는 영화배우니깐, 내가 문 배우를 좋아해서 열심히 노력한다면 그녀의 앞에서 영화에 대한 이야기를 할 수 있는 자리가 있지 않을까 하고. 당시에는 망상에 가까운 이야기지만 그런 덕질의 히스토리를 블로그에 늘 적어두었다. 그게 바로 내 블로그에 소중한 카테고리로 남은 '근영

버닝모드'의 탄생이다.

처음에는 문 배우의 CF와 출연작들 분석, 나중에는 향후 나름대로 큐레이션까지 하며 (당연히 신작 소식과 근황은 기본) 어느새 영화 블로그가 아니라 문근영 팬 블로그로 점점 유명세를 타기 시작했다. 나는 그게 너무너무 자랑스러웠고 뿌듯했다. 마치 내 꿈이 하나씩 이뤄지는 기분이었다. 실제로 그렇게 덕질, 전문용어로 근영버닝모드가 네이버 메인에도 소개되었고, 〈씨네21〉에는 문 배우가 〈댄서의 순정〉 이후 출연한 〈사랑따윈 필요 없어〉 리뷰가 실리기도 했다. 이를 계기로 여러 커뮤니티에 링크되기도 했고, 한때는 문근영 공식 팬카페에 팬 블로그로 소개된 적도 있었다.

결정적으로 문 배우에 대한 버닝이 내 꿈에 가까워졌다는 생각이 든 일이 있었다. 2006년 부산국제영화제 개막식 때였다. 이때 문 배우는 영화제 사회를 맡았다. 나 역시 〈괴물〉 리뷰 덕택에 부산의 모 영화관 주간지에 영화 리뷰를 적고 있었고 그것을 계기로 부산국제영화제 기자 자격으로 취재를 하러 갔다.

지금 돌아보면 너무나 감격스러운 순간인데, 한때 나는 이 자리에 가지 못할 뻔했다. 그것도 내 의지로. 그때 나는 블로그를 시작하며 하나씩 희망을 발견하고 뒤늦게 대학을 가려고 수능 공부를 하고 있었다. 부산국제영화제는 매년 10월에 열리는데 11월 수능 바로 코앞이다. 제일 중요한 시기라 영화제에 가기에는 부담스러웠다. 하지만 생각해보면 내가 대학을 가려는 이유가 영화 기자가 되고 싶은 꿈을 이루기 위해서였는데, 아주 잠시지만 그 꿈의 청사진을 만날 수 있는 뜻깊은 자리, 그것도 문근영 배우가 부산에 오는 자리에 가지 않는다면 너무 후회스러울 것 같았다. 결론적으로 영화제에도 참석하고 원하는 대학 원하는 과에도 진학할 수 있었다. 이게 다 문배우 님 덕택이근영. (픽)

처음 간 부산국제영화제 개막식에 그것도 내 눈앞에 문 배우가 있다. 정말 꿈이 이뤄졌다는 생각이 들었다… 개막식 불꽃축제를 보며 앞으로 더 열심히 노력해 문 배우 앞에 부끄럽지 않은(?) 팬이 되자고 다짐했다. 그것은 내가 생각하는 꿈, 영화 콘텐츠 크리에이터에 더 다가가자는 또 다른 다짐이기도 했다.

그리고 11년 뒤, 많이 늦었지만 그 꿈은 드디어 이뤄졌다. 2017년, 역시나 같은 부산국제영화제 개막작으로 문 배우의 신작 〈유리정원〉이 선정되었고, 나 역시 〈유리정원〉 밀착취재(?)를 했다. 드디어 문 배우와 인터뷰를 하는 일이 벌어졌다. 자랑은 아니지만, 국내외 유명 감독, 심지어 해외 영화인을 만나 인터뷰를 한 적도 있었다.

하지만 이때만큼 떨리고 숨 막혔던 적은 없었다. 너무 떨려서 노트북 자판을 칠 수 없고 호흡에 곤란이 왔을 정도다. 진짜 자체 〈인셉션〉을 찍고 있었다. 이거 혹시 꿈이 아닌가 싶었다. 그렇게 꾸역꾸역 참고 준비했던 질문을 다 하고 난 뒤 1시간가량의 인터뷰가 끝났다. 인터뷰 전에 문 배우에게 명함을 줬다. 다른 기자들 것보다 유심히 명함을 보면서 왠지 모를 미소를 띠었다. 인터뷰가 끝나고 나서 블로거 레드써니라고 밝혔고 이때 문 배우가 말했다. "알아요. 옛날에 자주 블로그에 들어갔어요." 세상에 내 블로그에 문 배우가 방문했다니. 블로그 하면서 이때만큼 행복한 적은 없었다. 진짜 내가 머릿속으로 상상했던 이미지가 현실에 펼쳐져 너무 감격적이라 괜히 눈시울이 뜨거웠다.

그러면서 이야기를 했다. 11년 동안 문 배우를 응원하면서 내 꿈을 향해 노력했던 이야기를. 블로그에 영화에 대한 이야기를 열심히 하면 내가 원하는 꿈에 가까워질 것이고, 그 꿈에 상징적인 존재로 문 배우님과 인터뷰가 있었는데 이렇게 이뤄질지는 정말 꿈에도 몰랐다고. 현실에서 힘들고 어려울 때 문 배우님 존재 자체가 늘 힘과 희망이 되었다며 다소 오글거리는 멘트를 전했지만 문 배우님은 미소를 보이며 들어주었다. 그때 너무 떨려 제대로 말을 했는지 모르겠다. 이후 기념사진 한 장도 찰칵.

15년 전 블로그를 막 시작할 즈음 친구에게 술 마시면서 장난스럽게 "나 문근영 배우 만날 것 같다" 하니 다들 믿지 않았다. 하지만 그 말은 단순한 농담이 아니라 문 배우에 대한 응원과 내 꿈의 대한 믿음을 동시에 이야기한 것이었다. 문 배우를 만난 것은 팬으로서의 감격만큼이나 말로

다 표현할 수 없었던, 마치 영화 속 엔딩 장면 같
았다. 물론 그런 걸 떠나, 나는 영원히 문 배우의
작품과 활동을 응원할 것이다. 문근영 배우님 언
제나 파이팅이근영! 또 좋은 작품에서 만나근영!

이벤트와 답장 댓글은 성실히!

누군가 나의 블로그에 대해 어떻게 관리해서 이만큼 커졌냐고 물어보면, 가장 큰 이유는 꾸준함과 성실함이라고 말한다. 앞에서도 말했지만, 하루에 하나의 포스팅은 하자고 다짐했고, 누군가의 댓글에는 백 퍼센트 답글을 달려고 했다. (최근에는 이런 성실함이 조금 무너지고 있는데… 죄송합니다.)

한창때는 댓글을 너무 잘 달아서 핀잔도 들었다. 포스팅하자마자 바로 댓글을 다니 지금으로 보자면 거의 스팸성으로 보일 정도. 하지만 댓글

달기 전 이웃들의 포스팅을 꼼꼼히 보면서 달려고 한다. 당시 모 탄산음료의 펩시맨~이 유명해지자 나는 댓글맨~이라는 캠페인을 벌이기도 했다.

몇 년 사이 블로그에서 또 하나 성실하게 하려는 것이 이벤트다. 영화 관련 블로그를 운영하고 있기 때문에 이벤트 대부분은 영화 관련 시사회나 예매권에 관한 것이다. 시사회 이벤트 프로세스는 간단하다. 영화사에서 어떤 영화의 시사회 이벤트를 나에게 제안하고, 나는 그만큼의 모객을 모은다. 영화사에서는 영화 홍보도 되고 나 역시 블로그를 찾는 사람들에게 시사회를 보여줄 수 있어 상부상조다.

가장 기억에 남는 이벤트는 〈부산행〉이다. 보통 이벤트를 하면 상영관의 일부 좌석을 내 블로그에 할당한다. 예를 들어서 한 관에서 400석 규모의 시사회를 한다고 할 때, 내 블로그에 할당되는 이벤트 좌석은 약 50석 정도 된다. 그렇게 하는 게 영화사는 한 매체에 모든 시사회 좌석을 몰아주어 혹시나 모객이 되지 않으면 어쩌지 하는 걱정도 없고 나도 부담 없다.

하지만 〈부산행〉은 부산 무대인사 때문에 부산에서 하는 전관 좌석을 내 블로그에서 유치했다. 즉, 상영관에 있는 관객들은 모두 내 블로그의 당첨자였다. 그런 생각을 하면서 영화관에 들어가니 뭔가 감회가 새로웠고, 왠지 모를 감격도 느껴졌다.

사실 이런 이벤트를 하는 지역은 대부분 서울이다. 나는 부산 블로거이기 때문에 내가 시사회 이벤트를 주최해도 정작 내가 가지 못할 때가 많다. 하지만 〈부산행〉 이벤트 때는 부산에서 객석 전부 내 블로그의 방문자들로 구성되어, 시사회 주최자가 감동했던 이벤트였다.

이런 이벤트를 해서 뭘 바라는 건 없지만 가끔 블로그나 SNS에서 영화 재미있게 봤다고 말해주고, 내 닉네임을 해시태그 해주면 괜히 뿌듯하다. 시사회 이벤트는 지금도 그렇지만 전적으로블로그를 찾는 방문자들에게 보답의 인사로 하고 있다. 별거 없는 블로그지만 그래도 응원해주시고 자주 와주셔서 감사하다고. 앞으로도 시사회 이벤트는 블로그를 그만두는 날까지 기회가 된다면 계속하고 싶다.

칸의 레드카펫을 밟다

블로그를 하면서 전혀 예상하지 못했던 변화는 온라인의 노력이 오프라인으로 맺어진다는 것이다. 앞에서 〈괴물〉 리뷰를 통해 변화되었던 나비효과를 말했는데, 지금 말한 것은 그 나비효과의 끝이라고 할 수 있는, 내 인생 최고의 순간 중하나다.

다시 〈괴물〉 리뷰를 적고 난 뒤의 상황을 이야기하면, 〈괴물〉 리뷰를 통해서 부산의 한 극장에 에디터로 근무하고 이로 인해 부산국제영화제를 취재하게 되었다. 처음으로 영화제를 취재하는 것이라 우왕좌왕했지만 현장 취재 경험을 쌓는 데 도움이 되었고, 이때의 도움을 바탕으로 네이버 부산국제영화제 원정단에 합격했다. 다시 한 번 부산국제영화제에서 이전보다 더 밀도 높은 취재를 하게 되었다.

당시 이병헌, 정우성, 송강호가 함께 출연해 화제를 낳은 〈좋은 놈, 나쁜 놈, 이상한 놈〉의 칸국제영화제 취재원을 모집했다. 칸국제영화제라고 하면 모든 영화인이 죽기 전 한 번은 가고 싶어 한다는 바로 그곳. 나 역시 거기를 취재하는 것이 인생 목표 중 하나였다. 무턱대고 지원했는데 서류 전형 합격. 그리고 최종 면접을 하게 되었다. 인생에서 면접을 통과한 적이 거의 없기에 큰 기대를 하지 않고 면접장에 갔다. 역시나 더듬거리는 말솜씨에 이번 생애 면접은 완전히 망했구나 싶었는데, 면접관이 이런 질문을 던졌다. "황홍선 씨 부산국제영화제에서 취재 활동을 했네요?" 그러자 나는 대답을 했고 그때의 경험을 상세히 들려줬다.

그렇게 면접이 끝나고 큰 기대를 하지 않았던 어느 날. 전화가 걸려왔다. "황홍선 씨, 이번에 칸

영화제에 함께 가서 취재합시다." 너무 놀라서 말이 나오지 않았다. 내가 칸국제영화제에 가다니. 내 인생 최초의 해외여행이 프랑스, 그것도 영화인들이라면 누구나 꿈꾸는 칸국제영화제라니.

당시에 학교에 다니고 있었는데 교수님께 칸국제영화제 방문 때문에 수업에 나갈 수 없다고 말했다. 당연히 교수님은 그 말을 믿지 않고 수업을 나오지 않으면 F를 주겠다고 했다. 어쩔 수 있나? 그냥 F 받아야지 하는 생각으로 프랑스 여행길에 올랐다. (그리고 실제로 F를 받아 대학교 졸업 학기 때 재수강을 신청해 가까스로 성적을 받고 졸업할 수 있었다. 그래봤자 D지만….)

한국에서 출발해 프랑스에 도착하기까지 모든 시간이 한 편의 영화 같았다. 그러고 보니 비행기도 처음 탔다. 생전 처음 여권도 만들었다. 모든 게 처음이었는데, 목적지는 인생의 끝판대장이다. 그 감격으로 너무나도 믿기지 않아 하루종일 붕 뜬 기분이었다. 그렇게 거의 15시간 비행을 하고 칸 현지에 도착했다.

내 일정은 둘째 날부터 시작되었다. 먼저 〈놈

놈놈〉을 칸 프레스 스크리닝으로 미리 관람하고 이후 칸 현지에서 송강호, 정우성 배우를 인터뷰했다. 물론 그때는 짬밥이 되지 않아 직접 인터뷰한 것은 아니고 방송국에서 인터뷰하는 것을 주변 스케치해서 한국의 〈놈놈놈〉 공식 채널에 기고하는 일을 맡았다. 바로 내 앞에서 정우성, 송강호 배우가 담소를 나누고 그걸 사진으로 찍어 올린다는 게 믿어지지 않았다. 워낙 가까이서 깔짝깔짝하니 송강호, 정우성 배우가 먼저 말을 걸어줬다. 그전에는 몰랐는데 송강호 배우와 나는 고향이 같았다. 정우성 배우는 〈비트〉 때부터 너무나 좋아했는데, 막 빛이 나는 것 같았다. 여담으로 이때 정우성 배우랑 만나서 살짝 이야기를 나눴고, 이후로 시사회에서 정우성 배우를 만난 적이 있다. 칸에서의 인연으로 그냥 인사를 건넸는데 반갑게 맞이해줘서 이걸 인생의 자랑으로 삼고 있다.

그렇게 〈놈놈놈〉 인터뷰가 끝나고 당시 행사의 하이라이트인 레드카펫 시사회가 있었다. 칸이 워낙 오래된 영화제고, 세계에서 차지하는 위치가 위치인지라 극장에 들어가기 전 나름의 격식이 있다. 꼭 정장과 구두, 나비넥타이를 착용해야 했다. 그것 때문에 살아생전 처음으로 양복도 맞춰 봤다. 한국에서 프랑스로 가기 전 가장 꿈꿨던 순간, 그 자리에 내가 있었다. 인증샷을 남겨야 했는데 지나가는 사람에게 사진을 찍어달라고 부탁했고, 그 사진이 내 인생 최고의 사진으로 남겨졌다. 다시 한 번 이름 모를 그에게 감사한다.

〈놈놈놈〉 상영이 끝나고 기립박수가 이어졌다. 칸에서는 기립박수가 관례라고 하지만 그래도 현장에서 듣는, 수많은 사람이 영화를 만든 사람에게 건네는 박수 소리는 너무나 우렁찼고 감동적이었다. 거기에 이 현장에 내가 있다는 것이 진짜 영화였다. 거기까지 취재를 마치고 나는 한국에 왔다. 그때 내가 기고했던 콘텐츠의 반응도 좋아 KBS 뉴스에 소개도 되었다. 그리고 이때의 경험을 통해서 그동안 꿈으로 생각했던 많은 일이 벌어졌다.

한국에 왔을 때는 벅차고 뿌듯했던 감정이 가시고 오히려 허했다. 그냥 이런 생각이 들었다. 내 인생의 장애, 벽이라고 생각했던 여러 가지 것들이 막상 부딪히면 생각만큼 그렇게 높은 것은 아니었다고. 생각보다 작은 것에 너무 얽매여 스스로 벽을 만들어 다음의 가능성을 봉쇄한 것은 아니었는지 하고 말이다. 칸에서의 경험은 영화 블로그로서의 경력은 물론 내 인생에서도 큰 깨달음을 줬던 소중한 시간이었다.

　이후 아쉽게도 〈슬램덩크〉의 마지막 장면과 같이 '거짓말처럼 칸 취재에 모든 힘을 쏟은 R군은 다시 칸에 가지는 못했다.' 하지만 세계 최고 영화제에서 본 것, 들은 것, 직접 느낀 것은 다녀온 지 10년이 지난 지금도 무엇과도 바꿀 수 없는 자산이 되었다. 그때의 자신감으로 도전을 두려워하지 않고 당당히 지원하며 설사 떨어지더라도 웃으며 넘길 수 있었다. 영화인의 꿈인 칸이지만 블로그를 하면서 점점 밖으로 나가도 보이지 않는 벽에 좌절하는 나 자신의 알을 깬 의미 있는 순간이기도 하다. 꼭 다시 한 번 칸국제영화제 레드카펫을 밟고 싶다.

히든무비를 시작합니다

영화 관련 블로그를 하면서 많은 사람에게 격려의 말을 들었다. "덕분에 영화 재미있게 보고 왔다." "추천한 영화들 좋았다." 등등. 그런 이야기를 들으면 뿌듯했지만 한계도 있었다. 영화 추천이나 큐레이션 모두 블로그, 개인으로서의 모습뿐이었다. 아마 이때부터 더 큰 꿈을 꾸고 싶었나 보다. 블로그를 넘어서 나의 콘텐츠 자체를 좀 더 공식적으로 말하고 싶다는 꿈을. 그런 꿈을 꾸던 중 생각지 못한 대박 기회가 찾아왔다.

채널CGV에서 미팅을 요청했다. 방송과 관련

해서 상의할 것이 있다고. 나는 으레 채널CGV에서 제안하는 일회성 콘텐츠 작성일 줄 알았는데 파격적인 제안을 했다. "같이 방송하지 않으실래요?" 그것이 바로 R군이 소개하는 '히든무비'의 시작이다.

'히든무비'는 R군의 R고 보면 재미있는 숨은 영화를 소개하는 프로그램이다. 매주 화요일 밤 10시 혹은 11시쯤, 많이 유명하진 않지만 놓치기 아까운 작품들을 채널CGV에서 방영하고 그 작품의 관전 포인트를 R군이 직접 설명하는 코너. 그야말로 내가 큐레이션을 하는 방송이었다. 제안을 듣고 너무 놀랐다. 일개 개인 블로거가 케이블 영화 최고의 채널 중 하나인 채널CGV에서 한 코너를 맡아서 할 수 있을지. 하지만 너무나도 좋은 기회였기 때문에 무조건 하기로 했다.

'히든무비'의 첫 방영은 〈잉투기〉였다. 영화 방영 전 〈잉투기〉에 대한 설명과 R포인트라는 관전 포인트를 작성해 채널CGV 측에 보내면 그것을 영상으로 만들어 방영일 전까지 예고편을 돌린다. 영화에 대한 소개도 소개였지만, 소위 R포인트라는 관전 포인트 잡기가 무척 힘들었다. 단순히 글로 적는 것이 아니라 짧은 예고편 시간 동안 적절한 드립이 꼭 살아 있어야 했기 때문이다. 채널 CGV 측에서도 그걸 바랐고. 매주 카피라이터가 되는 듯한 창작의 고통이 있었지만 지금 생각해보면 즐거웠던 시간이다.

솔직히 '히든무비'를 나는 잘 챙겨 보지 못했다. 왜냐하면 방영 전 이미 나는 그 영화를 수차례 보고 포인트와 20자 평을 작성했으니깐. 하지만 네이버 검색어에 '히든무비'에서 소개하는 영화가 높은 순위에 있으면 괜히 뿌듯하기도 했다. 판권 때문에 선택 범위가 넓었던 것은 아니지만 적어도 '히든무비'에 방영했던 작품은 전부 내가 골랐기 때문이다. 지인들도 우연히 채널CGV를 돌려 봤는데 R군 캐릭터가 나와 반갑다고 전해줬다.

'히든무비'에서 쌓은 경력은 후에 다른 웹진 기고나, 라디오 방송으로도 이어져 장기적으로도 큰 도움을 줬다. 또 채널CGV의 또 다른 영화 관련 프로그램 '무비스토커'에 자문위원으로 활약했고, 이것을 바탕으로 TBN 교통방송의 영화 프로그램 코너를 근 4년 동안 맡아 진행하기도 했다.

여기서 대부분 컨택 포인트는 "히든무비를 진행하고 있는 R군인가요?"였다.

아쉽지만 '히든무비'도 끝은 있었다. 2015년 1월 방영을 시작으로 2016년 12월까지 방영되고 마무리했다. 약 2년 정도 방영되었고 횟수로 딱 99회로 종영되었다. 한 번만 더 하면 100회였는데 그걸 다 채우지 못해 아쉽기도 했다.

'히든무비'에서 나의 역할을 어떻게 보면 적기도 하다. 약 1분가량 영화 포인트를 집어내고 설명만 하면 되니깐. 하지만 그 1분을 위해 무려 한 달 전부터 관련 영화를 서너 번은 봐야 하고 카피라이터가 되는 마음으로 한 줄 평, 관전 포인트, 구성까지 모두 짜내야 했다. 영화 한 편당 진짜 일주일 내내 아이디어를 짜냈다고 해도 과언이 아니다. 그래서 종영 때 '아~ 이제 머리 짜내며 카피와 포인트 안 잡아도 되는구나.' 하는 생각에 시원했지만 애착이 갔던 나의 첫 정기 방송 프로그램이라 서운하기도 했다.

채널CGV에서는 여전히 '히든무비'에서 소개했던 영화를 가끔 방영하기도 한다. '히든무비'의 영화들이 그리 유명하지 않은 작품이라 주로 새벽에 하는데, 그때마다 검색을 통해 나의 '히든무비' 소개 코너로 들어온 사람들의 반가운 댓글이 달리기도 한다. '히든무비'에서의 경험이 값진 또 다른 이유는 콘텐츠의 방향이다. 이전까지 블로그를 통해 글을 잘 쓰거나 사진을 잘 찍어야 한다는 개념이 강했는데, '히든무비'를 통해 '영상'의 중요성을 깨닫게 되었다. 짧지만 글과 사진이 모두 살아 있는 콘텐츠로 구독자에게 확실한 임팩트를 전달할 수 있는 것에 영상만 한 것이 없다고 생각했다. 그래서 영상을 계속 만들어보자는 생각을 하게 되었고 이건 R군 유튜브 채널에 큰 영향을 끼치게 된다.

영화제, 축제의 시작이자 밤샘의 시작

　　다음 해가 시작되고 달력을 보면 가장 먼저 표시하는 날이 있다. 바로 부산국제영화제 개막일이다. 내게 있어 부산국제영화제는 그야말로 살아 있다는 걸 느끼게 하는 짜릿함이다.

　　사실 부산국제영화제와 나의 인연이 썩 좋은 출발은 아니었다. 자원봉사자 모집에 몇 번이나 떨어졌기 때문이다. 지금에서야 웃으며 말할 수 있는 실패담, 아니 경험담이지만. 한창 얼굴 콤플렉스에 시달려 세상을 부정적으로 바라볼 때는 온갖 원망도 다 했다.

그 같은 원망은 부산국제영화제에 내 인생의 오랜 터전인 부산과 내가 오랫동안 꿈꾼 영화가 모두 들어 있었기 때문에 생겼다. 지금은 부산에서도 많은 영화 일이 있지만, 예전에는 영화와 관련된 일이 거의 서울에 있었다. 하지만 부산국제영화제를 통해 부산에서도 영화에 대한 꿈을 꿀 수 있는 터전이 마련되었다. 그렇기에 부산국제영화제는 선망의 대상이었다. 외모 때문에 외출을 꺼렸던 내게 부산에서 영화 일을 할 수 있다면 이곳이 될 것이라고. 그 첫 번째로 자원봉사에 도전했는데 서류에서 떨어지는 건 어쩔 수 없다 여겼지만 면접에서 떨어졌을 때는 정말… 자괴감이 끝을 달렸다. 지금 생각해보면 철없는 녀석의 옛 기억이지만 당시만 해도 나 같은 놈이 꿈이라는 단어를 외칠 수는 있는가 하며 존재론적 회의(?)까지 했다. 하하하.

하지만 블로그를 통해서 부산국제영화제에 대한 꿈을 이룰 수 있었다. 앞에서 언급한 대로 〈괴물〉 리뷰가 주목을 받자, 부산 모 영화관 주간지에 내 글을 실을 수 있었고 이것을 계기로 영화제

곳곳을 취재할 수 있는 프레스가 발급되면서 나는 부산국제영화제를 취재할 수 있는 기회를 얻었다. 그리고 이때의 경험을 소중한 발판으로 다음 해 네이버 부산국제영화제 원정단에 지원, 다시 참여했으며 이후에는 여러 가지로 부산국제영화제 기간 상주하다시피 하고 있다.

네이버 부산국제영화제 원정단 때였다. 개막식 때부터 폐막식 때까지 보통 귀가한 시간이 새벽 2시였다. 하루 종일 영화를 보거나 여러 가지를 취재해서 네이버 영화 콘텐츠에 기고했다. 좋은 기회로 나의 영원한 롤모델이었던 이동진 평론가(당시에는 기자)와 같이 이야기를 나눌 수 있는 시간이 있었는데, 그때 이동진 기자가 자신보다 더 바쁘게 왔다 갔다 하는 나를 보면서 "네이버가 너무 부려 먹는 거 아니에요?"라고 우스갯소리를 한 적이 있다. 롤모델인 사람이 나의 노력을 인정해주고 그와 같이 시간을 보낼 수 있다니 영광이었다. 그로부터 몇 년 뒤 부천국제판타스틱영화제에서 인사를 건네자 반갑게 대해주었다. 특히 같이 이야기하던 사람에게 영어로 "한국에서 제일 유명한 영화 블로거"라고 했을 때는 너무 기뻤다.
(자, 자기 자랑은 여기까지…)

다음으로는 〈국제신문〉에 부산국제영화제 관
련해 기고한 글이 생각난다. 부산국제영화제를 너
무 사랑하고 취재하면서 알고 지냈던 기자가 영화
제 관련 기고 글을 요청하셨다. 급박한 일정이지
만 글을 썼고 그 기사가 무려 2면에 대문짝만 하
게 나와 많은 연락을 받았다. 그 이후 주위 사람
들에게 부산국제영화제 하면 내가 먼저 떠오른다
는 말도 들었다.

부산국제영화제는 늘 추석 연휴가 끝난 뒤에
한다. 하지만 내게 있어 영화제야말로 명절이었
다. 평소 만나기 힘들었던 서울 사람들을 영화제
에서 오며 가며 만나고 술 한잔하고 즐거운 시간
을 보냈다. 그리고 다음 날 엄청난 취기로 다시 영
화를 보고 또 하루의 콘텐츠를 만들었다. 오죽하
면 집에 가는 시간도 아까워서 영화제 기간에 마
음 맞는 사람들과 돈을 모아 나름 베이스캠프를
만들까. 그만큼 영화제를 단 한순간도 놓치고 싶
지 않았다.

이 밖에도 영화제에 관련된 많은 에피소드가 있다. 앞에 말했던 너무나 좋아하는 배우 문근영 배우를 실제로 처음 만난 것도 영화제였으며, 부산국제영화제 뉴스레터팀에서 일할 때는 당시 개막작을 연출한 장진 감독님과 단독으로 인터뷰해서 기사를 작성하기도 했다. 〈시간을 달리는 소녀〉 호소다 마모루 감독 또한 부산에서 만나 인터뷰를 하고 직접 그림을 그려주는 R군 한정판 사인도 받았다. 모두가 부산에서 영화의 축제가 열렸기 때문에 가능했고, 그 축제에 나는 아직도 취해 있으며 영원히 함께하고 싶다.

영화제에서 개막식이 가장 주목을 받지만, 나는 오히려 영화제 폐막식 때 꼭 참석하려고 한다. 그 어느 때보다 빠듯한 일정과 일 더미 속에 파묻혔던 날들이 끝나고, 폐막식만큼은 아무런 부담 없이 즐길 수 있기 때문이다. 한편으로는 폐막 선언과 함께 터지는 불꽃을 보며 내년에도 열심히 살아 이곳에 오기를 바라는 다짐을 하기도 한다. 영화제와의 첫 인연은 좋지 못했을지 모르나 지금은 생각하면 늘 두근거리는 내 심장이기도 하다.

블로그나 영화 관련 콘텐츠를 만드는 일을 계속
하는 한 부산국제영화제는 일 년 중 가장 설레는
가을밤의 판타지로 남을 듯하다.

목소리로 영화를 전하다

　15년 차 블로깅만큼 오래된 대외 활동, 아니
이제는 어엿한 일이라고 말할 수 있는 것이 있다.
바로 라디오 방송이다. 예전에 후배들하고 밥 먹
다가 방송하러 가야 한다고 말하자, 후배가 "아프
리카 방송이세요?" 하고 물어보기도 했다. 아니
다. 부산 지역 교통방송에서 어엿한 프로그램 하
나를 진행하고 있다. 이 글을 적는 현재 기준으로
4년 차. 나도 그렇고 같이 방송하는 사람들도 그
렇고 참으로 오래 하고 있다.

　지금이야 나름 베테랑처럼 척척 방송하고 있

지만, 처음에는 무척 떨렸다. 사실 나 같은 경력을 가진 사람이 정규 방송을 할 수 있을까 걱정도 컸다. 다시 한 번 이 자리를 빌려 PD님께 감사드린다. 그런 믿음에 제대로 보답하지 못하고 첫날 방송에는 큰 실수도 했다. PD님은 래퍼를 데리고 온 줄 아셨단다. 말이 너무 빨라서. '히든무비'야 직접 방송하지 않고 코너 소개를 하는 것이지만 라디오 방송은 나름 생방송으로 진행해 실수에 자비가 없다. 바로 방송을 탄다. 첫 방송에 떨려, 말을 더듬거렸다. 속도도 빨라, 전하고자 하는 건 영화 정보 전달인데 웬걸, 갑자기 쇼미더머니를 하게 되었다.

첫날 방송 후 PD님이 따로 불러서 발음과 속도 조절에 대한 코치를 해주셨다. 나름 목소리와 발음에 자신 있다고 생각했는데 방송은 역시 장난이 아니었다. 너무 못해서 방송 1개월 만에 잘리는 건 아닐까 걱정했을 정도다. (그런데 벌써 4년 차…) 하지만 작가와 PD, 같이 진행한 DJ의 도움으로 이제는 나름의 장수 코너로 매주 목요일과 금요일 부산 지역 운전자를 위한 영화 정보를 전하고 있다.

방송을 오래 하면서 재미있는 에피소드도 많았다. 처음에는 적힌 대본대로만 진행했지만, 같이 하는 DJ가 워낙 베테랑이라 애드립도 많이 했다. 방송 초짜가 베테랑의 애드립을 어떻게 받아칠 수 있겠는가? 애드립과 맞지 않게 전혀 생뚱맞은 대본 대사로 진행해서 흐름이 어색해진 적도 있었다.

대본을 쓰고, 선곡하는 일까지 모두 내가 했는데 의외로 선곡이 힘들었다. 대본이야 영화를 보고 적으면 되지만 선곡은 정말 운에 맡겨야 했다. 그날 소개할 영화 속에 나름 대중적인 노래가 있어야 한다. 너무 최신곡은 방송국에 없고, 너무 숨겨진 곡 역시 방송국에 없다. 어쨌든 영화와 노래를 결부시켜서 그럴듯하게 선곡이 되어야 하는데 이게 다 하늘의 뜻이고 극장의 뜻이다. 어떤 주에 유명 가수의 전기 영화나 뮤지컬 영화가 나오면 그렇게 고마울 수가 없다. 선곡에 대한 고민을 할 필요가 없으니까.

초창기에는 매주 금요일 밤 10시에 방송했다. 3년 동안 내게 가장 멀리 있었던 단어가 불금이었다. 한 번도 불금을 한 적이 없으니. 혹시나 금요일에 약속이 잡혀 있으면 두 가지 중 하나다. 일찍 만나서 방송 전에 헤어지거나, 술 약속이 있다면 방송 전에 만나서 이야기를 나누고 방송이 끝난 뒤 다시 그 자리에 와서 본격적으로 술을 먹는 것.

부산국제영화제 기간에는 스케줄이 전쟁이었다. 부산 방송이기에 영화제의 비중이 높은데, 영화제에서 영화 마지막 상영 마치는 시간에 방송에 가려면 아슬아슬했다. 영화 끝나자마자 택시를 타고 가서 세이프하거나 엔딩은 눈물을 머금고 포기하고 나와서 방송을 한 적도 많다.

그래도 '덕분에 영화 이야기 잘 듣고 있어요'라는 시청자의 의견에 이 같은 고생은 한 번에 날아간다. 이 주에 소개한 영화를 다음 주 PD나 작가가 재미있게 봤다면 뿌듯하기도 하고. 이렇게 연차가 오래 쌓이다 보니 처음에는 단순한 영화 코너였지만 이제는 나름 내 이름도 붙여졌다. '황홍선의 시네마 천국.'

아쉽게도 직장을 다른 지역으로 옮긴 이유로 약 4년간 진행한 방송은 막을 내렸다. 마지막 방송 때 같이 한 DJ와 작가, PD 모두 수고했다며 축하해주는데 왜 그렇게 눈물이 나던지. 이렇게 한 프로그램에 4년 이상 코너를 진행하는 게스트가 없었다고 말해줘 고마움은 더했다. 라디오는 생방송의 묘미와 함께하는 사람들이 있어 일이라기보다는 행복했던 순간이다. 지금도 내가 방송했던 시간에 다른 누군가의 목소리가 들리면 그때 그랬지, 라는 생각과 다시 또 하고 싶다는 마음이 든다. 이후에도 이전 라디오 방송을 했던 경험으로 2019년 부산국제영화제 때는 KNN에서 영화제 특집 방송을 두 번 맡아 하기도 했다. 그래도 4년 동안 많은 사람에게 영화 보는 즐거움을 전해준 그때 방송이 무척 그립다.

어디서 상영할까나 영화 제작기

영화 관련 취재를 많이 하고, 영화제에 자주 가다 보니 한 가지 꿈이 생겼다. 단편영화를 만들어서 영화제에 진출한 뒤 GV를 해보는 것. 영화 블로그를 하면서 느꼈던 한계도 '직접 영화를 만들지 않기에' 생겼다고도 생각했고. 그런 마음에 평소 같이하는 후배와 의기투합을 해서 단편영화를 만들기도 했다.

사실 영화를 아예 처음 만든 것은 아니었다. 학교 다닐 때 실습수업으로 후배와 함께 단편영화를 만들었는데, 학교 실습작으로 끝날 수 있던 영화를 내 블로그를 통해 실시간으로 홍보했다. 단편영화인데 메이킹도 만들었고 배우들 캐스팅부터 시놉시스와 NG 장면 등을 블로그를 통해 공개하기도 했다. 은근히 많은 사람들이 관심을 가져줬다. 실제로 블로그를 통해서 다음 단편을 만들 때 같이 작업하자는 사람도 있었다.

캐스팅부터 촬영하는 순간까지. 짧은 시간에 모든 젊음을 올인한 우리였다. 하지만 아쉽게도 우리 영화는 끝내 영화제에 진출하지 못했다. 아쉬웠지만 이런 노력을 우리끼리의 추억으로만 남길 수는 없는 법. 블로그와 유튜브를 통해서 영화를 공개했다.

그런 공개를 통해서 의외의 피드백을 받을 수 있었고 같이 출연했던 배우들에게는 또 다른 기회가 되기도 했다. 비록 부족한 실력 때문에 영화제에 진출하지는 못했지만 그것이 경험으로만 끝날 것이 아니라 또 다른 기회로 만들어지길 바라면서. 이것이 다 SNS와 유튜브를 통해서 스스로의 PR을 하는 시대이기에 가능한 것이다. 다음 단편영화도 영화제를 가든, 가지 않든 노력한 모두에게 작은 기회가 될 수 있는 자리가 되면 좋겠다.

그리고 영화 제작의 꿈은 아직도 버리지 않고 있다. 확실히 영화를 많이 보고 관련된 글을 쓰고 있으니 연출하고 싶다는 생각은 계속 든다. 지난 단편을 만든 후배랑 술자리에 앉을 때마다 기가 막힌 이야기가 있다고 계속 영화 촬영을 부추기고 있다. 특히 요즘은 꼭 영화관뿐만 아니라 유튜브를 통해서도 이야기를 내놓을 수 있기에 콘텐츠 제작 측면에서도 단편영화를 만들고 싶은 생각은 계속 든다.

영화인을 만나다

블로그를 운영하면서 제일 첫 번째로 인터뷰했던 영화인은 장진 감독이다. 장진 감독님과는 인연이 좀 있다. 인터뷰하기 1년 전, 네이버후드 어워드-영화리뷰 부문을 심사했고 그때 내가 수상자가 되었다. 그런 인연으로 다음 해 장진 감독이 부산국제영화제 개막식에 왔을 때 인터뷰를 요청했고 전격 수락! 아마도 부산국제영화제에서 최초로 장진 감독님과 인터뷰를 했을 것이다.

지금은 보편화되었지만 당시로서는 파격적인 영상 인터뷰를 제안했다. 장진 감독님도 흔쾌히 오케이를 해주셨고 그때의 영상이 그대로 남겨져 있다. 영화에 대한 인터뷰는 물론 이후 내 블로그에 대한 홍보도 해주셔서 특별히 기억이 남는다.

이런 인터뷰를 경험 삼아서 점점 많은 영화인을 만날 수 있었다. 〈전우치〉 개봉 때는 최동훈 감독 인터뷰를 했다. 당시 〈전우치〉의 엄청난 인기로 많은 기자들과 인터뷰를 했었는데, 나는 불행인지 다행인지 가장 마지막 순서였다. 하루 종일 말을 한다고 지친 최동훈 감독이었지만 나를 반겨주셨고 인터뷰를 진행했다. 인터뷰가 끝난 뒤 "오늘 했던 인터뷰 중 가장 좋았다."라는 말은 아직도 뿌듯하게 다가온다.

국내를 넘어 해외에서도 직접 인터뷰를 한 적이 있다. 영어가 부족해서 통역을 거친 인터뷰였지만, 그래도 해외 영화인을 만나 현지에서 인터뷰한 경험은 잊히지 않는다. 이 중 가장 기억에 남는 인터뷰는…. 놀라지 마시라. 크리스토퍼 놀란 감독이다.

크리스토퍼 놀란 감독은 〈다크나이트〉 3부작 〈인터스텔라〉, 〈덩케르크〉를 만든 거장 중의 한

명이다. 〈덩케르크〉 개봉 당시 국내 매체로는 거의 유일하게 LA 현지에 가서 크리스토퍼 놀란 감독을 직접 만나 인터뷰했다. 〈다크나이트〉를 워낙 좋아했고 그가 만든 영화를 늘 애정하는 팬의 입장에서 내 앞에서 놀란 감독이 서 있을 때, 보고 있어도 믿기지 않았다.

아쉽게도 인터뷰 시간은 굉장히 짧았다. 5분, 아니 거의 3분 정도 시간 안에 주어진 질문을 하고 답변을 받았다. 하지만 그 짧은 시간에도 나름 영화의 핵심적인 질문을 건넸다며 유튜브 등에서 많은 사람들이 댓글을 달아주기도 했다. 한편에서는 아니 네가 뭔데? 어떻게 이런 거장을 만나 인터뷰를 했는데? 하며 오히려 믿지 않는 분위기였다. 사실 인터뷰 한 나도 믿기지 않을 정도였으니.

크리스토퍼 놀란 감독 인터뷰도 좋았고 가문의 영광이지만 역시 내 인생 최고의 인터뷰는 앞에서도 말한 문근영 배우와의 인터뷰였다. 더 이상의 설명이 필요 없는 최고의 순간. 그 이야기는 이미 앞에서 많이 했기에 이 정도로.

인터뷰를 해서 유명 영화인을 만난 것만이 좋

기만 한 것은 아니었다. 인터뷰를 준비하는 과정도 내게는 좋은 콘텐츠이며 블로그를 통해 새로운 시도를 할 수 있었다. 〈전우치〉 최동훈 감독 인터뷰에서 좋은 후기를 들을 수 있었던 건 내 블로그를 방문한 구독자, 이웃들의 힘이 컸다. 인터뷰하기 전 최동훈 감독을 만나고 관련해서 궁금한 점을 댓글로 적어달라고 했는데 정말 많은 사람들이 적어주었다. 그중에는 내가 생각하지 못한 멋진 질문도 있었다. 이렇게 인터뷰 또한 한 블로거의 개인적인 궁금증이 아닌 채널을 통해 모두가 함께 만드는 방향으로 갈 수 있어 좋았다.

개인적으로 다음 인터뷰 목표가 있다면 디즈니-픽사 연출가와 함께 이야기를 나누고 싶다는 것이다. 〈토이 스토리〉, 〈업〉, 〈인사이드 아웃〉 등 픽사 영화를 무척 좋아한다. 단순히 재미있고 감동적이다, 를 넘어 픽사 영화는 내게 인생의 어떤 의미를 가슴 벅차게 바꾸게 했다. 그래서 픽사 영화감독에게 인터뷰를 떠나, 감사의 의미를 꼭 전하고 싶다. 이 책을 혹시나 디즈니 관계자분께서 읽으시면 꼬옥~~좀 부탁드리겠습니다.

진지하고 유익한 시간은
아닐 수도 있습니다만

블로그를 오래 하고 방송을 몇 번 타니 덜컥 이런 제안이 왔다. "R군 님, 블로그나 SNS 운영 관련 강연을 해주실 수 있나요?" 블로그를 오래 했어도 내 사진 한 장 제대로 올린 적 없는 나란 녀석인데 많은 사람 앞에서 "내가 누구냐면!" 하는 강연을 하다니. 하지만 한 번 사는 인생, 도전해보자는 의미로 민폐 끼치게도 강연을 하고야 말았다.

첫 강연 때가 기억난다. 모 기업의 SNS 서포 터즈들 앞에서 강연한 적이 있는데. 뻥 안 치고 전

날 너무 떨려서 잠을 못 잤다. 학교 과제 PPT도 그 정도로 열심히 준비하지는 않았을 것이다. 말 주변이 없으니 PPT라도 잘 만들자는 생각에 PPT가 아니라 슬라이드가 가능한 영화 한 편을 만들어 버렸을 정도. 그 정도로 너무나 떨렸다. 다행히도 현장에서는 큰 실수 없이 잘 진행했지만.

그다음에는 모 지역 시민 블로그 강연에 갔었다. 한 번 했던 경험이 있어서 그럭저럭했다고 생각했지만 다들 말하기를, "말이 너무 빨라요!" 아, 나는 진짜 블로거가 아니라 래퍼로 활동했어야 했나 보다. 어쨌든 이후에도 몇 번의 강연이 있었고 내용은 좀 더 논리적으로 바뀌었으며 말은 점차 느려졌다.

내가 했던 강연은 크게 두 가지 분야였는데, 블로그랑 영화다. 블로그 강연이 어떤 방법으로 블로그를 했는지를 자세히 이야기했다면, 영화 강연에서는 해당 영화의 해설을 했다. 매번 영화제나 영화 관련 프로그램에 가면 큐레이터가 너무나 좋은 설명으로 영화에 대해 이야기해줬는데, 나도 그러고 싶은 바람이 있었다. 그런 바람은 오랜 시간 뒤에 영화의전당에서 이뤄지기도 했다.

당시 〈살인의 추억〉을 보고 설명하는 강연을 했다. 너무 좋아하는 영화라 수십 번을 봤지만, 강연을 위해 준비한 건 처음이라 정말 초집중해서 다시 보고 장면마다 분석하며 강연을 진행했다. 관객들의 질문도 받으면서 나름의 대답을 했던 기억이 난다. 그렇게 사람은 많지 않았지만, 영화를 보고 난 뒤 내 생각을 처음으로 라이브로 관객들에게 전한 경험이라 소중했던 시간이다.

　　이런 강연은 좋은 기회로 단번에 오지만 그렇다고 아무 준비 없이 할 수는 없다. 블로그든, 영화든 늘 공부하고 관람하며 좋은 기회가 산화되지 않도록 열심히 노력해야겠다.

블로그를 함께했던 동지들이 떠나고

적적한 새벽이 되면 혼자 하는 일이 있다. 이웃 목록의 가장 아래로 내려가보는 것. 즉 내 블로그에서 가장 먼저 이웃이 된 사람들의 블로그를 살펴보는 것이다. 블로그에는 이웃 추가 날짜가 보인다. 가장 빠른 날짜를 보니 2003년이다. 진짜 오래되었다. 감성적인 새벽에 나를 더 감성적으로 만드는 건, 이들의 마지막 포스팅 날짜 역시 거의 수년 전이라는 점이다.

블로그를 처음 했던 동지들 중 대부분이 떠났다. 첫 댓글에 설레 서로 블로그를 왕래하고, 함께 포스팅하고 함께 고민도 나눴던 이웃들 대부분이 블로그를 떠난 것이다. 저마다 이유가 있겠지만 아주 오래된 친구와 연락이 되지 않는 아쉬운 기분이다.

비단 포스팅을 하지 않아서 블로그를 그만둔 사람들만 있는 것이 아니다. 페이스북, 트위터 그리고 유튜브 등 다양한 플랫폼이 나오자 자신만의 콘텐츠를 만들기 위해 블로그를 떠난 사람들도 상당하다. 불과 몇 년 전만 해도 1인 미디어의 왕좌는 블로그였는데 요즘 들어서는 오히려 블로그가 올드 미디어가 된 듯하다. 나 역시 다른 플랫폼을 기웃거리고 운영하지만, 그래도 가장 열정을 비추는 건 블로그다. 다만 시대의 트렌드에 따르지 않고 너무 옛날 플랫폼에만 올인 하는 건 아닌지 걱정이 되기도 한다.

플랫폼의 트렌드 변화는 진짜 빠르다. 그만큼 계속해서 배워야 한다. 선점 효과라는 말이 괜히 있는 게 아니다. 나 역시 지금 블로그를 시작했다면 이 정도의 영광은 누리지 못했을 것이다. 그저 남들보다 일찍 블로그를 시작했다는 이유로 이제는 블로그계의 고인물이 되었다. 확실히 초창기 때 이웃들과의 정에 비하면 너무나 사무적으로 변한 건 아닌가 생각해본다. 블로그를 통한 가능성과 희망에 많이 웃었지만 너무 습관처럼 하는 일이 된 건 아닐까 생각이 든다. 그래도 함께했던 동지들이 그립다. 그리고 나 역시 블로그를 넘어 또 다른 도전을 준비해야겠다는 생각이 든다. 글과 사진 그 이상의 콘텐츠를 이제는 말하고 싶으니까.

블로그 아직도 해요?

"아직도 네이버 블로그 해요?" 유튜브가 대세라고 하지만 나는 여전히 블로그에 많은 시간을 할애한다. 물론 확실히 예전과 다른 온도가 느껴진다. 몇 년 전만 해도 블로그를 하면 트랜드를 앞서가는 사람이라는 느낌이 강했지만 요즘에는 아직도 옛날 플랫폼에 얽매이고 있나? 이런 눈치도 조금 받는다.

처음에는 이런 분위기에 나도 채널을 바꿔야 하나 싶었지만 TV가 나와도 라디오가 있고, 전자책이 나와도 종이책이 여전히 사랑 받는 것처럼 블로그 역시 다른 플랫폼이 있어도 나름의 매력으로 존속되고 꾸준히 이용한다. 아니 요즘에는 오히려 더 확실한 포지셔닝을 해서 블로그만의 매력이 발견되는 듯하다.

영상과 짧은 단문에서는 느낄 수 없는 블로그만의 매력이 점점 발견된다. 특히 지금 네이버 블로그는 플랫폼의 춘추전국 시대에서 살아남기 위해 많은 변화를 보여주고 있다. 인스타, 페이스북의 실시간 스토리 같은 모멘트 기능을 탑재해 좀 더 속도감 있는 콘텐츠를 만들 수 있게 마련했고, 동영상 기능도 대폭 강화해 블로그 내에 중요한 콘텐츠 작성 방법으로 다가오고 있다.

무엇보다 마음에 드는 점은 블로그에 전문성을 강화하면서 크리에이터를 단순한 유저가 아닌 프로로 대우를 해준다는 점이다. 유명 유튜버나 인플루언서가 늘어나면서 이들이 단순히 인기 있는 창작자를 넘어 자신의 콘텐츠로 수익을 내고 상품을 될 수 있음이 어느 정도 긍정적으로 받아들여지는 시대에, 블로그는 그런 경향에 조금 뒤처지는 감이 있었다. 개인 공간으로 혼자만의 끄적임 성격이 강했는데 크리에이터들의 대우가 달라지면서 블로거로서도 좀 더 프로의 마음을 갖고 더 생산적인 무엇을 할 수 있게 환경이 바뀌었다. 물론 그 이면에는 너무 리워드만을 바라는 세계가 되지 않았나 아쉬움도 있지만, 자신의 콘텐츠가 정당한 대가와 가능성을 모색할 수 있다는 점에서 좀 더 전업 블로거로서 가능성과 희망을 이전보다 훨씬 크게 가질 수 있었다.

특히 최근 네이버 블로그에서는 인플루언서를 선정해서 색다른 기획을 내놓고 있다. 블로거뿐 아니라 인스타그램, 유튜브, 트위터 등 플랫폼에서 많은 팔로워를 가진 크리에이터, 인플루언서를 네이버 검색창에 소개해주는 제도다. 예를 들어 나 같은 경우 블로그와 인스타, 유튜브 등 다양한 활동을 하고 있는데 이것을 묶어서 같이 홍보해주는 시스템이다.

사실 이들 플랫폼이 다른 만큼 콘텐츠의 성격도 가지각색인데, 이렇게 인플루언서로 한 번에 묶어줘 사람들에게 공개할 수 있어 크리에이터로서 뿌듯하다. 확실히 15년 전 집에서 긁적거리며 블로그에 포스팅을 했던 때와 요즘은 많이 다르다. 그렇기에 지금의 트렌드는 나에게 또 다른 기회이자 많은 고민을 안겨주었다. 적어도 취미의 영역에서 벗어난 나의 크리에이터 활동에 있어서 말이다.

크리에이터 VS 직장인의 삶

요즘은 자기 포트폴리오를 위해서라도 SNS, 블로그, 유튜브를 하는 사람이 많다. 대외 활동을 기록하고, 자신의 업적이나 생각들을 정리해 이력서 대신으로 활용하기도 한다. 나 역시 블로그 활동을 꾸준히 하면서 취업에 상당한 도움이 되었다.

첫 직장은 블로그 및 SNS 대기업 홍보 대행사에서 일했고, 취직에 성공한 원인에 파워블로거라는 점이 경력 아닌 경력으로 작용되었다. 또한 영화를 좋아하고, 그쪽 관련 일을 개인적으로 많이 했다는 점이 도움이 되어 모 영화제 홍보팀장으로도 일했다.

그렇게 경력을 쌓아가면서 현재(2021년)는 모영화/드라마 웹진의 에디터로 근무 중이다. 여러모로 취업이 어려운 이 시대에 내가 블로그를, 영화 블로그를 시작하지 않았다면 이런 기회가 자주 오지는 않았을 터. 앞에서도 언급했듯이 취업이나 여러 경력 사항이 요구될 때 자신의 일을 잘 정리한 SNS나 유튜브는 분명 큰 도움이 될 것이다.

지금까지 했던 일이 영화나 블로그와 관계된 작업이라 근무를 하면서 아주 큰 어려움은 없었다. 물론 초반에 회사 적응을 잘 못 해서 많이 질책도 당하고 실수도 있었다. 다행히 시간이 흐르면서 점점 적응했고 회사 일에 내가 했던 블로그 경력은 분명 큰 도움이 되었다.

대신 직장에서 열심히 일하는 만큼 블로그에 시간을 쏟는 일은 줄어들었다. 특히 이직하면 할수록 업무량이 많아지면서 내 블로그, 유튜브 콘텐츠를 만드는 시간을 내기가 힘들었다. 또 가끔은 내 채널을 위해 만들려고 했던 콘텐츠가 회사가 원하는 콘텐츠와 겹칠 때가 많아 포기한 적도 있었다.

　직장을 다니면서 블로그를 운영하는 건 많이 힘들다. 실제로 주위에 꽤 많은 분들이 이 같은 문제로 블로그를 관뒀다. 첫째로 시간이 너무 없고, 설사 주말에 여유가 생기더라도 콘텐츠를 만들겠다는 열정이 학생 때만큼은 아니다. 한 마디로 그냥 귀찮아진다.

　나 역시 그렇다. 주중에는 아예 시간이 나지 않고, 주말에도 주중에 지친 몸을 쉬기 위해 침대 위에서 꼼짝하지 않았다. 오랜만에 블로그를 해볼까? 하는 생각이 들어도 왜 쉬는 날에 나만의 '일'을 하냐고 포기한 적이 더 많았다. 더군다나 내가 블로그 운영하는 것을 직장 사람들 대부분이 알기에 더더욱 직장 업무에 집중했다. 혹시나 개인 블로거 생활이 회사 일에 영향을 주면 안 되니깐 내 자신을 몰아세웠다. 여기서 오는 피로감에 꽤 컸다. 사회생활 초년에는 직장과 블로거의 삶을 그럭저럭 조절했지만, 오프라인의 경력이 올라갈수록 온라인 블로그에 들이는 정성이 솔직히 줄어드는 것이 사실이다.

그래도 뭔가를 만들고 싶은 욕구는 항상 있었나 보다. 오랜만에 마음 잡고 블로그나 유튜브 콘텐츠를 만들면 기분이 좋아진다. 가슴이 뛰고, 살아 있다는 생각이 들 때가 많다. 현재 여러 가지 상황 때문에 살짝의 귀차니즘은 있지만 확실히 나는 블로그에 글을 적을 때, 유튜브에 영상을 만들 때 뭔가 모를 쾌감이 느껴진다. 하긴 그랬으니 17년 동안 콘텐츠를 만들었지. 혹시 모를 사고에 대비해 포스팅했던 자료를 백업하는데, 그 시간이 정말 상상 외로 많다. 그만큼 오래 꾸준히 블로그 활동을 했기 때문이다.

그렇다면 아예 전업 블로거나 크리에이터로 활동해볼 생각은 없냐?는 말도 많이 들었다. 최근 유튜브가 요즘 말로 떡상(?)해서 많은 사람들이 기회와 수익을 얻으면서 직장을 그만두고 전업을 생각하는 이도 많다.

나 역시 이런 고민을 참 많이 했다. 아니, 어쩌면 지금도 계속하고 있다. 이 책 서두에도 적었고 내가 처음 블로그를 하면서 생각했던 다짐인 "나만의 영화웹진을 만들고 싶다"는 쉽게 꺼지지 않나 보다. 하지만 그것을 실행하기엔 현실적인 문제가 많아 나이가 들수록 점점 그 의지가 옅어지고 있다는 점이 가끔 안타깝게 생각되기도 한다. 그럼에도 언제가 기회가 된다면 내가 좋아하는 일 외에 여러 문제에서 자유로워져 행복한 정답을 찾고 싶다. 아마 이런 고민은 나뿐 아니라 자신의 이름을 건 채널을 꾸준히 운영하는 모든 크리에이터의 딜레마이자 바람이 아닐까 싶다.

이것은 무엇에 쓰는 물건이고?

블로그를 하면서 여러 가지 긍정적인 변화가 있었는데, 그중 지금 생각해도 가장 중요했던 변화는 바로 배움이다.

블로그를 하다 보면 콘텐츠를 더 재미있고 좋게 만들기 위해 다양한 아이디어를 생각한다. 하지만 이 아이디어를 실현하려면 늘 기술이 필요해서 좌절할 때가 많았다. 처음에는 주위에 아는 사람들에게 부탁해도 되지만 매일 그럴 수도 없고…. 결국 아쉽고 절박한 사람이 배우게 되어 있다. 나 역시 그랬다.

나는 지금도 MS-Office를 기본 정도만 다룰 줄 안다. PPT는 거의 젬병이다. 그런데 포토샵과 프리미어 프로 등에는 익숙하다. 이게 다 블로그를 하면서 사진과 영상 작업의 필요성을 느끼고 독학으로 배웠기 때문이다.

포토샵을 배우게 된 계기가 남들이 듣기에는 우스울 수도 있는데, 나로서는 상당히 영광스러운 작업이었다. 바로 최애하는 배우 문근영 님의 모습을 영화 포스터로 패러디하려고 그랬다. 처음에는 그림판으로 작업했지만 한계를 느끼자 인터넷을 통해서 독학으로 포토샵을 배우게 되었다. 단순한 보정으로 시작했다가 지금은 어느 정도 작업물을 만들어낸다.

프리미어 프로를 배운 것도 영화 예고편을 패러디하려고 그랬다. 영화 블로그를 운영하다 보니 예고편을 늘 올리는데 이걸 그대로 올리면 재미가 없어서 나름의 패러디를 하고 싶었다. 그러던 중 동영상 편집 프로그램을 알게 되었고 내가 원하는 결과물을 만들어내려고 하다 보니 점차 더 빠지게 되었다.

블로그를 통해 배운 것 중 가장 임팩트가 컸던 건 역시 사진이다. 사진은 블로그의 히스토리와 함께했다. 블로그에 사진을 올리고 싶어서 디지털카메라를 구입하게 되었다. 이후 여러 영화제와 배우들을 직접 만날 수 있는 자리가 있자 더 좋은 카메라를 원하게 되었고 결국 DSLR까지 다루게 되었다. 그냥 자동 모드로 찍었다가, 영화제의 생생한 현장을 임팩트 있게 전하고 싶어 셔터 스피드니 조리개니 매뉴얼 모드를 배우게 되었고 이런 능력을 활용해서 지금은 간간이 사진 촬영 관련 알바도 하고 있을 정도다. 의뢰자에게 포트폴리오를 보여주기도 쉽다. 내 블로그에서 잘 찍은 사진을 URL로 넘겨주면 되니깐.

그러고 보면 최근에 배운 기술은 모두 블로그를 통해서 배우게 된 것이다. 해마다 운동을 해야지, 영어를 배워야지 하는 다짐은 평생의 숙업처럼 잘 지켜지지 않았는데, 조금 더 멋지고 재미있는 콘텐츠를 만들어보자는 욕구는 결국 기술을 배우게 하는 원동력이 되었다. 역시 사람은 뭔가를 만들어야 하나 보다.

R군의 R튜브, 천만 아니고 천 명 돌파!

블로그 외에도 많은 SNS를 했지만 어디까지나 블로그가 메인이고 다른 콘텐츠는 보조에 가까웠다. SNS는 블로그 내용을 외부적으로 알리기 위한 채널이었으니깐. 하지만 세월이 지나고, 콘텐츠의 성격이 달라지면서 이것만큼은 보조가 아니라 또 다른 메인으로 만들고 싶은 플랫폼이 생겼다. 바로 유튜브였다.

영상을 통해서 이야기하고 싶다는 마음은 항상 있었다. 하지만 기술의 부족으로 그것을 실현하기는 어려웠다. 나 역시 유튜브를 운영하기보다는 자체적으로 만든 동영상 콘텐츠를 블로그에 올리고 싶다고 생각했을 뿐. 하지만 이제는 블로그에 글을 적는 것처럼 영상 역시 하루의 하나씩 만들어 올릴 수 있는 시대가 왔다. 원래 영상 제작에 매력을 느꼈고 지인들의 추천으로 유튜브를 시작하게 되었다.

명색이 영상 관련 학과를 나왔지만 영상 만들 일이 별로 없어서 편집 프로그램 다루는 걸 다 까먹었다. 하지만 발등에 불이 떨어지면 사람은 달린다. 적절한 압박은 사람을 성장시키는 데 도움이 된다. 유튜브를 하고 싶다는 생각을 하게 되자 영상 프로그램을 배우게 되었고 영상을 하나씩 만들게 되었다.

초창기에 유튜브를 할 때는 진짜 영상 만드는 사람들 다 상 줘야 한다고 생각했다. 내가 말하는 바를 영상으로 표현하기까지 얼마나 많은 시간이 걸리던지…. 예를 들어 '지금 내가 글을 적고 있습니다'라는 한 문장을 유튜브 영상으로 표현하자면, 대본을 적어야 하고 소리를 녹음해야 하며 그 말에 맞는 영상 소스를 집어넣고 그럴듯하게 보이기 위해 효과도 여러 개 넣어야 한다. 블로그로 치면 한 줄, 몇 초면 끝나는 일이 유튜브 영상으로 는 몇십 분, 몇 시간이 걸렸는지 모른다.

어쨌든 그런 시행착오 끝에 첫 콘텐츠를 올렸 고 사람들의 반응을 얻기 시작했다. 유튜브를 처 음 시작할 때, 블로그를 처음 할 때처럼 설렘이 느 껴졌다. 워낙 고생해서 만들어서 그런지 당장의 반응보다 내가 무언가를 만들었다는 성취가 더 컸다. 블로그를 할 때에는 연차가 쌓여서 그런지 한 번 만든 포스팅을 계속해서 보지 않지만, 유튜 브 영상은 몇 번이나 다시 재생해서 보았다.

그런데 블로그에서는 한 번 글을 쓰면 몇십 개 달리던 댓글과 꽤 높은 조회수를 가졌던 나도 유 튜브에서는 큰 반응을 얻기 힘들었다. 그래도 영 상을 만드는 작업은 즐거웠다.

그러던 어느 날 좋아하는 영화 제작사 픽사의 〈코코〉 관련 콘텐츠를 만들었다. 영상 작업이 힘 들어서 일주일에 한 개 정도 계획을 짜서 만들었 는데 이번만큼은 그야말로 느낌이 와서 바로 만 들었다. 오히려 그런 것이 더 대박이 날 때가 많 다. 영상은 〈코코〉 개봉과 맞물려 무려 16만 회 조 회수를 기록했다. 유명 유튜버들의 엄청난 콘텐츠에 비하면 별거 아니지만, 사실 블로그 콘텐츠로도 매우 힘든데, 유튜브 동영상으로 이 정도의 조회수를 기록하니 정말 신기한 경험이었다.

이같이 한 번 터진(?) 콘텐츠로 사람들이 유입되더니, 곧 유튜브 구독자 수 1000명을 돌파했다. 이상하게 1000이라는 숫자에 의미를 둬서 그런지 꽤 뭉클했던 기억이 난다. 아직도 무명의 영화 유튜버지만, 꾸준히 유튜브를 운영하자고 다짐한다. 그렇게 이제 1000명을 돌파한 R군의 유튜브는 계속해서 고군분투 중이다.

R군은 지금도 진화 중

옛날에 어떤 소셜미디어 관련 전문가가 플랫폼은 계속해서 새롭게 바뀌기 때문에 늘 배워야 한다고 얘기한 적이 있다. 그때 공감의 미소를 지었다. 10년 전만 하더라도 콘텐츠와 커뮤니케이션은 공증된 미디어만 가능하다고 생각했다. 하지만 지금은 스스로가 미디어가 되고 질 좋은 콘텐츠를 만들며 나아가고 있다. 나는 항상 시대를 잘 만났다고 생각한다. 지금의 블로그, 유튜브, 페이스북이 아니었다면 나는 아마도 자신을 원망하며 고정화된 주류 미디어에 들어가기 위해, 영화나 콘텐츠와는 아무런 상관없는 시험 테스트용 공부만 하고 있을지도 모른다.

소셜미디어에 관한 강의를 하다 보면 블로그 관련해서 꽤 많은 질문을 받았다. "어떻게 하면 네이버 검색어 상위에 뜨게 할 수 있나요?" "어떻게 하면 조회수가 높아질까요?" 이럴 때마다 소위 업계에서 말하는 로직 같은 게 있지만 애당초 나는 그런 지식도 모르고 그것은 내가 말하고 싶은 바와도 거리가 멀다. 나는 이렇게 답한다. "즐기세요. 그리고 꾸준히 하세요." 남에게 보여주기식의 콘텐츠 만들기는 오래가지 못한다. 결국, 만드는 내가 재미있어야 꾸준히 만들 수 있다.

초창기에 블로그를 할 때 영화를 중심으로 했지만, 그 외 다른 분야에서도 이야기를 끌어왔다. 조회수를 노리지 않았다고 하면 거짓말이다. 하지만 그런 콘텐츠 만들기는 일시적인 인기를 얻을 수 있을지는 몰라도 결국 재미없어서 포기하게 되었다. 오히려 내가 너무나 좋아했던 영화나 여러 가지를 만들 때 그 즐거움이 보는 이에게도 전달되었고 더 큰 인기를 얻었다. 아주 재미있는 영화 리뷰를 적을 때 지인들이 말한다. "그런 글에는 어떤 살아 있음이 느껴진다"라고.

유튜브 R군의 성과는 아직까지는 그리 좋지 못하다. 하지만 그렇다고 포기하지는 않을 거다. 왜냐하면 영화에 관련된 이야기를 하는 영상 만들기는 너무나도 재미있으니깐. 스스로가 현재 그 작업에 재미를 느끼고 있기에 계속해서 만들 예정이다. 비단 유튜브뿐만 아니라 또 다른 플랫폼이 오더라도 영화에 대해 새롭게 말할 수 있는 방식은 나에게 여전히 재미있게 다가올 것이다.

플랫폼의 변천, 플랫폼의 진화는 곧 나에게 즐거움이다. R군은 오늘도 내가 스스로 재미를 느끼기 위해 영화를 보고 어떻게 글을 쓸지, 어떻게 영상을 만들지 혼자 상상에 빠진다. 근데 그런 상상이 하루하루 역동적으로 다가와 잠을 제대로 못 잘 정도다. 내가 만들었던 콘텐츠가 어떤 반응을 보이는지, 내일 아침에 만들게 될 콘텐츠는 어떻게 나올지. 블로그를 하기 전과, 하고 나서의 가장 큰 변화는 매일 아침의 두근거림이다. 이런 두근거림이 계속되길 바란다.

에필로그

크리에이터로 살아간다는 것

처음 블로그를 시작했을 때가 2003년. 그때만
해도 블로그를 1인 미디어라고 불렀지만, 지금의
유튜브 시대처럼 기존 패러다임을 바꾸며 새로운
시대를 만들 정도로 큰 변화는 아니었다.

블로그를 한다고 하면 그냥 블로거 정도로 불
렀지, 크리에이터라는 창작자 호칭을 붙이는 일은
드물었다. 하지만 지금은 그야말로 콘텐츠를 운
영하는 사람은 글이든, 사진이든, 영상이든 순수
창작을 한다는 차원에서 크리에이터라고 불린다.
블로거로서 살아온 17년이 이런 범주에 포함된다

고 보면 나 역시 크리에이터로 오랜 기간 지냈던 셈이다.

앞에서도 언급했지만 크리에이터로 살아가는 일은 즐거웠다. 매일이 새로웠다. 영화를 보고 거기에 대한 글이나 여러 가지 자료를 만들어 내는 것이 나만의 영화 웹진의 편집장이 되는 것 같았다. 하지만 시간이 지날수록 블로그가 커지고 취미 이상으로 다가오면서 깊은 고민도 있었다. 대학 졸업 이후 취직과 블로그 운영 중 어떤 일을 고를지 생각한 적도 많았다. 그런 고민은 현재까지도 계속되고 있다.

블로그를 통해 많은 일을 하니 아직도 많은 사람들이 나를 프리랜서라고 생각한다. 댓츠 노노~ 나는 이래 봬도 이리저리 긁어모으면 경력 7년 이상의 직장인이기도 하다. 물론 내가 지금까지 일했던 직장에서 한 일을 보면 블로그로 인한 경험은 절대 무시 못한다. 게다가 첫 직장은 SNS 마케팅과 상당히 관련되었으며 지금 직장 역시 영화 콘텐츠와 관계가 있다. 알게 모르게 블로그를 통한 활동과 커리어가 큰 도움이 되었다.

그러면서 크리에이터로서의 나의 채널을 바라

보는 마음이 커졌다. 이번 책에서는 블로그 활동에 대한 이야기를 많이 적었지만 궁극적으로 R군, 레드써니가 하고자 하는 영화 종합채널에 대한 꿈은 항상 가지고 있다. 초창기 블로그를 운영할 때는 아마추어로서 재미있는 이야기를 꺼내 많은 이들에게 즐거움을 전달하고 싶었다면 이제는 연차도 제법 있고, 경험을 통해서 정말 전문적인 일을 하고자 생각하고 있다.

물론 크리에이터로서의 고민은 당장 쉽게 답을 내지는 못할 것이다. 늘 고민할 것이고. 하지만 남들과 똑같은 경험을 공유하더라도 크리에이터로서 느끼는 특별함, 설렘은 내가 블로그를 그만두지 않는 이상, 페이스북을 탈퇴하지 않는 이상, 유튜브를 중지하지 않는 이상 계속될 것이다. 영화를 보러 극장에 가거나 영화제에 참여할 때는 늘 두근거린다. 단순히 보고 끝남이 아닌, 영화의 경험을 토대로 R군 혹은 레드써니 크리에이터로서 구독자들에게 재미있는 이야기를 하고 싶은 영화 수다쟁이로서의 마음은 2003년이나 지금이나 건재하기 때문이다.

거창하게 크리에이터로서의 삶을 이야기했지만, 별거 없다. 일상의 작은 경험마저 그것을 나의 채널을 통해 새롭게 만들어 내놓을 수 있다는 점, 그 하나만으로도 가슴 뛰고 내일을 기대하게 만든다.

블로그를 처음 했을 때가 기억난다. 허접한 글에 달랑 사진 하나 올려놓고 마무리했지만, 글을 쓰자마자 조회수 1이 나오고 누군가 보고 있다는 생각에 가슴 콩닥콩닥했던 일, 새벽 즈음 설레는 마음을 가라앉히고 눈을 감은 뒤 다음 날, 이 포스팅이 어떤 반응을 받았을까 어린애처럼 궁금해하며 PC 전원을 켜고 로그인을 했던 일. 설렘의 강도는 그때와 비교할 바가 아니지만 나는 2003년 12월 3일 블로그를 처음 했던 그날처럼 2021년 지금도 잠을 청한 뒤 내 콘텐츠의 반응에 궁금해하며 밤잠을 설친다. 자신의 콘텐츠를 포기하지 않는 이상, 꾸준히 만드는 이상 이런 설렘은 죽을 때까지 계속될 것이다.

크리에이터는 언제나 내일이 기대되고 궁금하다. 이 글을 읽는 많은 사람들이 10년 넘게 내가 느끼고 있는 하루하루의 설렘을 꼭 느끼길 바란다. 자신의 이야기로서 말이다.

블로거 R군의
슬기로운 크리에이터 생활

초판 1쇄 발행 2021년 2월 8일
    5쇄 발행 2022년 11월 7일

지은이 R군(황홍선)
펴낸이 강수걸
기획실장 이수현
편집장 권경옥
편집 신지은 오해은 강나래 김소현 이선화 이소영
디자인 권문경 조은비
펴낸곳 산지니
등록 2005년 2월 7일 제333-3370002510020050000001호
주소 부산시 해운대구 수영강변대로 140 BCC 613호
전화 051-504-7070 | 팩스 051-507-7543
홈페이지 www.sanzinibook.com
전자우편 sanzini@sanzinibook.com
블로그 sanzinibook.tistory.com

ISBN 978-89-6545-708-4 02000

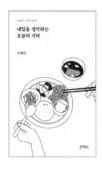

내일을 생각하는 오늘의 식탁
일상의 스펙트럼01

*조선일보/한국일보/경남도민일보 추천도서
전혜연 지음

자신의 삶을 만들어나가는 기준,
마크로비오틱

계절에 따라 다르게 채색되는 식탁 이
야기, 입맛 돋우는 싱싱한 제철 재료 이
야기, 전자레인지와 일회용품 없이 사는
고집스러운 삶에 관한 이야기, 저자가
들려주는 마크로비오틱한 삶이 즐겁다.

내가 선택한 일터,
싱가포르에서 일상의 스펙트럼02

*한국일보 추천도서 *2020 청소년 북토큰 선정도서
임효진 지음

해외취업에는 특별한 순간들이 있다

지난 6년간 저자가 경험한 싱가포르에
서의 일과 삶이 솔직하게 담겨 있다. 취
준생의 일상, 외국 회사의 시스템과 조
직 문화, 매일 밥 먹듯 해야 하는 언어
공부, 집 구하기, 취미 활동, 연애 등 자
신이 경험한 에피소드를 유머 있게 풀어
낸다.

유방암이지만 비키니는
입고 싶어 일상의 스펙트럼03

*경향신문/국제신문/이데일리 추천도서

미스킴라일락 지음

4기 암 환자의 씩씩하고 엉뚱발랄한 일상

유방암 선고를 받은 저자가 항암 치료
와 재발을 경험하면서 겪은 암 환자 버
전의 일상을 담은 에세이다. 자신의 블
로그에 당당히 암 환자라는 것을 알리
고, 암 치료 과정을 무겁지 않고 발랄하
게 담아낸다. 저자는 아프기 전에는 해
보지 못했던 일들을 시도하며 씩씩하게
제2의 인생을 살아가고 있다.

베를린 육아 1년 일상의 스펙트럼04

*조선일보 추천도서

남정미 지음

아이 키우기로 베를린의 삶을 경험하다

특파원으로 일하게 된 남편과 함께 1년
동안 독일에서 지낸 경험을 담은 베를린
육아 일기다. 저자는 독일 사회가 어떻
게 아이를 키우고 대하는지 아이를 존중
하는 태도가 배여 있는 독일의 육아법을
전한다. 1년 동안 여행만으로는 느낄 수
없는 그곳에서의 생활을 통해 매력적인
도시 베를린을 좀 더 깊숙이 만나본다.

블로거 R군의
슬기로운 크리에이터 생활

일상의 스펙트럼05

황홍선 지음

좋아하는 일을 설레면서 지속하는 힘

이 책은 취미가 콘텐츠가 되는 크리에이터 R군의 이야기를 통해 좋아하는 일은 지속 가능하게 하는 힘이 무엇인지 들려주고자 한다. 매일 새로운 크리에이터가 생겨나고 사라지는 무한경쟁 시대에, R군은 지치지 않고 오랫동안 콘텐츠를 만드는 이야기를 전한다.

어쩌다 보니 클래식 애호가,
내 이름은 페르마타 일상의 스펙트럼06

신동욱 지음

예비 선생님의 못 말리는
클래식 '덕질' 라이프

여행의 피로는 온천보다 클래식 공연으로 씻어내야 한다는 이 못 말리는 클래식 애호가의 여정은 클래식이 가지고 있는 무겁고 마이너하다는 편견을 '클래식 덕질'로 승화시켜 버린다. 그의 '덕질'을 따라가다 보면 어쩌면 나도 모르는 새에 클래식 애호가가 되어 있을지 모른다.

부산에서 예술을 합니다

일상의 스펙트럼07

임영아 지음

예술을 하려면 서울에 가야만 하나요?

부산에서 나고 자라 미술을 시작한 임영아 작가는 무언의 압박 속에 서울로 향하지만, 자신의 작품들 속에서 부산에 대한 그리움을 발견하고 결국 부산으로 돌아오겠다는 결단을 한다. '지역에서도 예술로 먹고살 수 있을까.' 이 질문에 작가의 용기 있는 한 걸음이 또 다른 선택의 가능성을 말해준다.

도서관으로 가출한 사서

일상의 스펙트럼08

김지우 지음

도서관 마니아가 당신에게 건네는 지금의 도서관 이야기

질풍노도의 사춘기, 삼일 밤낮 바깥을 전전하지는 않더라도 누구나 홧김에 집을 박차고 나가는 경험을 하기 마련이다. 저자 역시 평범한 대한민국의 청소년으로서, 부모님과 싸우게 되는 날이면 종종 뛰쳐나갔다. 어디로? 도서관으로.